필수영어동사 Ⅲ

김명숙 저

고민하는 학습자들을 위한 책

동사 공부를 어디서부터, 어떻게 해야 할까?
동사를 간단하고 이해하기 쉽게 다룬 책은 없을까?

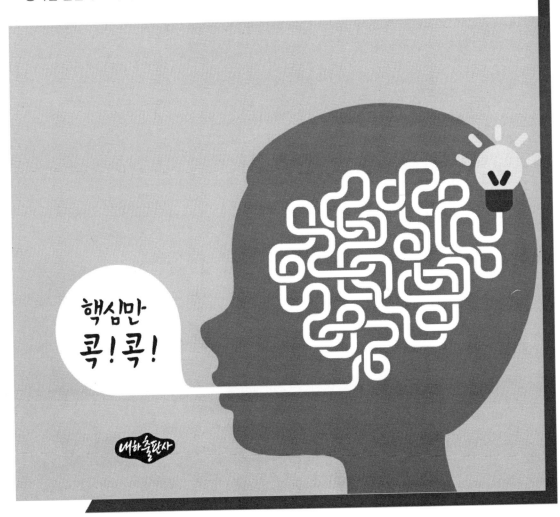

핵심만
콕!콕!

내하출판사

:: Preface

영어 문장에서 가장 핵심을 이루는 요소가 동사라고 할 수 있을 정도로, 동사의 중요성은 아무리 강조해도 지나치지 않을 것입니다. 이 책은 일상 생활에서 늘 사용하는 기본 동사들뿐만 아니라, 국내외의 각종 영어 시험에 대비하기 위해서 반드시 알아두어야 할 동사들에 이르기까지, 영어 학습에 필수적인 영어 동사들을 정리해 놓은 책입니다.

이 책에서는 동사들의 의미를 타동사(타)의 쓰임과 자동사(자)의 쓰임으로 분류하고, 동사들의 3인칭 단수 현재형, 과거형, 과거 분사형, -ing형의 형태들뿐만 아니라, 명사형, 형용사형 등의 형태들도 다루고 있습니다. 이 책에 인용된 예문들에 대한 참고문헌은 책의 끝부분에 수록되어 있습니다.

이 책에서는 동사들의 기본 의미를 예문을 통해 쉽고 간략하게 다루고 있으므로, 이 책은 초급 수준의 영어 학습자들이 큰 부담 없이 어휘를 학습하는 데 도움이 될 것입니다. 이 책을 통해서 동사들뿐만 아니라 명사형, 형용사형도 함께 학습하므로, 어휘의 폭을 넓혀나가는 데에도 도움이 될 것입니다. 또한 이 책을 통해 각종 영어 능력 측정 시험에 대비할 수 있도록, 영어 필수 동사들을 체계적으로 정리할 수 있으므로, 이 책은 중급 수준의 학습자들에게도 유익할 것입니다. 아울러 영어 어휘들을 체계적으로 정리하여 가르치는 영어교사들께도 도움이 될 것입니다.

평생 동안 한결같은 사랑으로 격려해 주시고 이끌어주시는 부모님과 남편 조성기교수, 그리고 늘 자랑스럽고 든든한 석영, 효연, 가영, 또한 언제나 행복과 웃음을 안겨주는 윤성, 윤호 … 모두에게 깊은 감사의 마음을 전합니다. 또한 이 책이 출판될 수 있도록 많은 정성을 기울여 주신 내하출판사 모흥숙 사장님과 직원 여러분께도 깊이 감사드립니다.

2017년
김 명 숙

:: Contents

01 F

face · 10   facilitate · 10   fade · 11   fail · 12

faint · 13   fake · 13   fall · 14   falsify · 15

familiarize · 16   fancy · 16   fascinate · 17   fashion · 18

fast · 19   fasten · 19   fatigue · 20   fault · 20

favor · 22   fear · 22   feast · 23   feather · 24

feature · 25   feed · 25   feel · 26   fence · 27

ferment · 28   fertilize · 28   fetch · 29   fight · 30

figure · 31   file · 31   fill · 32   film · 33

filter · 34   finalize · 34   finance · 35   find · 36

fine · 37   finger · 37   finish · 38   fire · 39

firm · 40   fit · 40   fix · 41   flag · 42

flake · 43   flame · 43   flap · 44   flare · 45

flash · 46   flatten · 46   flatter · 47   flavor · 48

flee · 49   flick · 49   float · 50   flood · 51

floor · 52   flourish · 52   flow · 53   fluctuate · 54

flush · 55   flutter · 55   fly · 56   foam · 57

focus · 58   fog · 58   foil · 59   fold · 60

follow · 61   fool · 61   forage · 62   forbear · 63

forbid · 64   force · 64   forecast · 65   foresee · 66

foretell · 67   forfeit · 67   forge · 68   forget · 69

forgive · 70   fork · 70   form · 71   formulate · 72

forsake · 73   fortify · 73   forward · 74   foster · 75

foul · 76   found · 76   fracture · 77   fragment · 78

frame · 79   free · 79   freeze · 80   freight · 81

frighten · 82   front · 82   frown · 83   frustrate · 84

fry · 85   fuel · 85   fulfil · 86   function · 87

furnish · 88   fuse · 88

02 G

gabble · 92 gain · 92 gallop · 93 gamble · 94

garnish · 95 gas · 95 gasp · 96 gather · 97

gauge · 98 gaze · 98 gear · 99 generalize · 100

generate · 101 germinate · 101 gesture · 102 get · 103

giggle · 104 give · 104 glance · 105 glare · 106

glaze · 107 gleam · 107 glide · 108 glimpse · 109

glisten · 110 glitter · 110 glorify · 111 glow · 112

glue · 113 go · 113 govern · 114 grab · 115

grade · 116 graduate · 116 grant · 117 grasp · 118

gratify · 119 graze · 119 grease · 120 greet · 121

grieve · 122 grill · 122 grin · 123 grind · 124

grip · 125 groan · 125 groom · 126 grope · 127

gross · 128 ground · 128 group · 129 grow · 130

grub · 131 grudge · 131 grumble · 132 grunt · 133

guarantee · 134 guard · 134 guess · 135 guide · 136

gulp · 137 gum · 137 gurgle · 138 gut · 139

03 H

habituate · 142 hail · 142 halt · 143 hammer · 144

hand · 145 handicap · 145 handle · 146 hang · 147

happen · 148 harass · 148 harden · 149 harm · 150

harmonize · 151 harvest · 151 hasten · 152 hatch · 153

hate · 154 haunt · 154 have · 155 head · 156

headline · 157 heal · 157 heap · 158 hear · 159

heat · 160 heighten · 160 help · 161 hesitate · 162

hide · 163 highlight · 163 hijack · 164 hike · 165

hinder · 166 hinge · 166 hint · 167 hire · 168

hit · 169 hitch · 169 hold · 170 hole · 171

hollow · 172 honor · 172 hook · 173 hop · 174

:: Contents

hope · 175   host · 175   house · 176   hover · 177

howl · 178   huddle · 179   hug · 179   hum · 180

humanize · 181 humble · 182   humidify · 182   humiliate · 183

humor · 184   hunger · 185   hunt · 185   hurl · 186

hurry · 187   hurt · 188   hush · 189   hustle · 189

hypnotize · 190

04

ice · 194   idealize · 194   identify · 195   idle · 196

idolize · 197   ignite · 197   ignore · 198   illuminate · 199

illustrate · 200   imagine · 200   imitate · 201   immerse · 202

immigrate · 203 immobilize · 203 immortalize · 204

immunize · 205 impact · 206   impair · 206

impersonate · 207   implant · 208   implement · 209

implicate · 209   implore · 210   imply · 211   import · 212

impose · 212   impoverish · 213 impress · 214   imprint · 215

imprison · 216   improve · 216   improvise · 217 impute · 218

inaugurate · 219 incapacitate · 219 incarnate · 220   incline · 221

include · 222   inconvenience · 222   incorporate · 223

increase · 224   incriminate · 225 incubate · 225   incur · 226

index · 227   indicate · 228   individualize · 229

individuate · 229   induce · 230   indulge · 231

industrialize · 232   infect · 233   infer · 233

inflame · 234   inflate · 235   inflict · 236   influence · 236

inform · 237   infuse · 238   inhabit · 239   inhale · 239

inherit · 240   inhibit · 241   initiate · 242   inject · 242

injure · 243   inquire · 244   inscribe · 245   insert · 245

insist · 246   inspect · 247   inspire · 248   install · 248

institute · 249   instruct · 250   insult · 251   insure · 251

integrate · 252   intend · 253   intensify · 254   interact · 254
intercept · 255   interchange · 256 interest · 257   interfere · 257
interpose · 258   interpret · 259   interrelate · 260 interrogate · 260
interrupt · 261   intersect · 262   intervene · 263   interview · 263
intrigue · 264   introduce · 265   intrude · 266   invade · 267
invalidate · 268   invent · 268   invert · 269   invest · 270
investigate · 271 invite · 271   invoke · 272   involve · 273
irrigate · 274   irritate · 274   isolate · 275   issue · 276
italicize · 277

05 J

jam · 280   jar · 280   jerk · 281   jingle · 282
jog · 283   join · 283   joke · 284   jostle · 285
judge · 285   juggle · 286   jumble · 287   jump · 288
justify · 288   juxtapose · 289

06 K

keep · 292   kick · 292   kid · 293   kill · 294
kindle · 295   kiss · 295   kneel · 296   knit · 297
knock · 298   know · 298

▪ References · 300
▪ Index · 303

F

01 ::

face, facilitate, fade, fail, faint, fake, fall, falsify, f[...]ze, fancy, fascinate, fashion, fast, fasten, fatigue, fault, favor, fear, feast, fe[...] feature, feed, feel, fence, ferment, fertilize, fetch, fight, figure, file, fill, film, filte[...]ize, finance, find, fine, finger, finish, fire, firm, fit, fix, flag, flake, flame, flap, flare, f[...]tten, flatter, flavor, flee, flick, float, flood, floor, flourish, flow, fluctuate, flush, flu[...], foam, focus, fog, foil, fold, follow, fool, forage, forbear, forbid, force, forec[...]esee, foretell, forfeit, forge, forget, forgive, fork, form, formulate, forsake, fortit[...]ard, foster, foul, found, fracture, fragment, frame, free, freeze, freight, frighten[...]frown, frustrate, fry, fuel, fulfil, function, furnish, fuse

:: face

의 미	他 마주보다, 향하다, 직면하다
형 태	3인칭 단수 현재형: faces / 과거형: faced 과거 분사형: faced / —ing형: facing 명사형: face(얼굴, 표면, 측면) / 형용사형: facial(얼굴의, 안면의), faceless(얼굴 없는, 정체불명의, 특징 없는), faced(…한 얼굴을 한)

She turned and <u>faced</u> the man.

» 그녀는 돌아서서 그 남자를 마주보았다.

The company is <u>facing</u> a financial crisis.

» 그 회사는 재정 위기에 직면해 있다.

She is always energetic and has a smile on her <u>face</u>.

» 그녀는 늘 활기차고, 그녀의 얼굴에는 미소가 있다.

We talk with other people by using words, body language, and <u>facial</u> expressions.

» 우리는 말, 몸짓, 그리고 얼굴 표정을 통해 다른 사람들과 대화한다.

:: facilitate

의 미	他 수월하게 하다, 가능하게 하다, 촉진하다, 조성하다
형 태	3인칭 단수 현재형: facilitates / 과거형: facilitated 과거 분사형: facilitated / —ing형: facilitating 명사형: facility(시설), facilitation(용이하게 하기, 간편화, 촉진) 형용사형: facilitative(가능하게 하는)

The new machines will <u>facilitate</u> the job.

》 새로운 기계들이 그 일을 수월하게 해줄 것이다.

3D printers will help <u>facilitate</u> creation.

》 3D 프린터는 창조를 촉진하는 데 도움을 줄 것이다.

Social networking brings people together and <u>facilitates</u> political change.

》 소셜 네트워킹은 사람들을 함께 묶고, 정치적 변화를 가능하게 한다.

All rooms have private <u>facilities</u>.

》 모든 객실에는 전용 편의시설들이 갖추어져 있다.

:: fade

의 미	㉜ 색깔이 바래다, 희미해지다, 서서히 사라지다, 시들해지다
형 태	3인칭 단수 현재형: fades / 과거형: faded 과거 분사형: faded / –ing형: fading 명사형: fadedness(색이 바램, 시듦), fader(영상 음향기기) 형용사형: faded(시든, 바랜, 쇠퇴한)

Long exposure to sunlight can bleach and <u>fade</u> colors of objects.

》 햇빛에 오래 노출시키면, 물체를 표백하여 물체의 색을 바래게 할 수 있다.

The traditional sense of family is <u>fading</u>.

》 가족에 대한 전통적인 의미가 서서히 사라지고 있다.

Time passes away, but our memory will never <u>fade</u> away.

》 시간은 흐르지만, 우리의 기억은 결코 사라지지 않을 것이다.

If your passion <u>fades</u> away, you will know it was just a crush.
>> 당신의 열정이 식으면, 당신은 그것이 단지 일시적인 충동이었다는 것을 알 것이다.

:: fail

의 미	ⓣ실패하다, …하지 않다, 실망시키다 ⓙ 실패하다, 기대에 못 미치다
형 태	3인칭 단수 현재형: fails / 과거형: failed 과거 분사형: failed / –ing형: failing 명사형: failure(실패, 실패작, 불이행), failing(결점, 결함) 형용사형: failed(실패한)

They don't give up easily even though they <u>fail</u> many times.
>> 그들은 여러 번 실패할 지라도, 쉽게 포기하지 않는다.

Some students <u>fail</u> to fulfill their parents' expectations and get depressed.
>> 몇몇 학생들은 부모의 기대에 부응하지 못하여 우울증에 빠진다.

No one wants to <u>fail</u>, but everyone <u>fails</u> sometimes.
>> 아무도 실패하는 것을 원하지는 않지만, 모든 사람들은 가끔씩 실패한다.

Learning how to deal with <u>failure</u> is very important.
>> 실패를 극복하는 방법을 배우는 것은 매우 중요하다.

:: faint

의 미	㉕ 기절하다, 졸도하다, 실신하다
형 태	3인칭 단수 현재형: faints / 과거형: fainted 과거 분사형: fainted / –ing형: fainting 명사형: faint(기절, 졸도), fainting(기절), fainter(기절한 사람), faintness(현기증) / 형용사형: faint(희미한, 어지러운), faintish(아찔한)

He <u>fainted</u> while running and was taken to the hospital.
》 그는 달리기를 하는 중에 의식을 잃어서 병원으로 옮겨졌다.

Elderly people can <u>faint</u> in the sauna.
》 노인들은 사우나에서 실신할 수도 있다.

He fell to the ground in a dead <u>faint</u>.
》 그는 완전히 졸도하여 땅바닥에 쓰러졌다.

Dogs' noses are so sharp they can find even the <u>faintest</u> smell.
》 개들의 코는 매우 예민해서, 아주 희미한 냄새조차도 맡을 수 있다.

:: fake

의 미	㉗ 위조하다, 날조하다, 조작하다, …인 척하다
형 태	3인칭 단수 현재형: fakes / 과거형: faked 과거 분사형: faked / –ing형: faking 명사형: fake(모조품, 위조품), faker(위조자, 사기꾼), fakery(속임수, 사기, 모조) / 형용사형: fake(위조의, 가짜의), fakey(모조품의, 가짜의)

She <u>faked</u> her mother's signature on the document.
≫ 그녀는 그 서류에 그녀의 어머니의 서명을 위조했다.

She's not really sick. She's just <u>faking</u> it.
≫ 그녀는 진짜 아픈 것은 아니다. 그녀는 단지 꾀병을 부리고 있다.

All the paintings proved to be <u>fakes</u>.
≫ 그 그림들 모두가 모조품으로 판명되었다.

<u>Fake</u> Apple stores that pretend to be authentic are opening across China.
≫ 진짜처럼 보이는 가짜 애플 스토어들이 중국 전역에서 개업하고 있다.

:: fall

의 미	㉔ 떨어지다, 쓰러지다, 양이 감소하다, 어떤 상태가 되다
형 태	3인칭 단수 현재형: falls / 과거형: fell 과거 분사형: fallen / −ing형: falling 명사형: fall(떨어짐, 감소, 폭포, 가을), falling(낙하, 추락, 강하) 형용사형: fallen(떨어진, 쓰러진)

October had come and the leaves were starting to <u>fall</u>.
≫ 시월이 되었고, 나뭇잎들이 떨어지기 시작하고 있었다.

He slipped on the ice and <u>fell</u>.
≫ 그는 빙판 위에서 미끄러져 넘어졌다.

The working population in their 20's has <u>fallen</u> drastically over the years.
≫ 20대의 노동 인구 수가 지난 몇 년간 급격히 감소했다.

The Niagara <u>Falls</u> are the most popular waterfalls in North America.

» 나이아가라 폭포는 북아메리카에서 가장 인기 있는 폭포이다.

:: falsify

의 미	㉧ 위조하다, 조작하다, 왜곡하다, 거짓임을 증명하다
형 태	3인칭 단수 현재형: falsifies / 과거형: falsified 과거 분사형: falsified / –ing형: falsifying 명사형: falsification(위조, 변조) 형용사형: false(거짓의, 틀린, 사실이 아닌), falsifiable(속일 수 있는)

Never <u>falsify</u> facts.

» 사실을 왜곡하지 마세요.

He <u>falsified</u> his transcript to get into a prestigious graduate school.

» 그는 일류 대학원에 입학하기 위하여, 성정증명서를 위조했다.

The boss asked him to <u>falsify</u> the accounting records.

» 그 사장은 그에게 회계 기록을 위조하라고 요구했다.

There is a lot of <u>false</u> information on SNS.

» SNS에는 거짓 정보가 많이 있다.

:: familiarize

의 미	(타) 익숙하게 하다, 정통하게 하다, 일반화하다
형 태	3인칭 단수 현재형: familiarizes / 과거형: familiarized 과거 분사형: familiarized / -ing형: familiarizing 명사형: familiarization(친하게 함), familiarity(익숙함) 형용사형: familiar(친숙한, 익숙한, 정통한)

You'll need time to <u>familiarize</u> yourself with the procedures.
≫ 당신이 그 절차에 익숙해지기 위해서는, 시간이 필요할 것이다.

People working with these compounds should <u>familiarize</u> themselves with the safety instructions.
≫ 이 화합물을 다루는 사람들은 안전 지침에 정통해야 한다.

You must <u>familiarize</u> yourself with the rules before playing the game.
≫ 당신은 그 게임을 하기 전에, 그 규칙들을 잘 알아야 한다.

He is a total stranger, but he seems very <u>familiar</u>.
≫ 그는 처음 보는 사람이지만, 매우 친숙한 사람처럼 보인다.

:: fancy

의 미	(타) 상상하다, 공상하다, …라고 믿다, 원하다
형 태	3인칭 단수 현재형: fancies / 과거형: fancied 과거 분사형: fancied / -ing형: fancying 명사형: fancy(상상, 공상), fancier(애호가) / 형용사형: fancy(화려한), fanciful(상상의, 공상의, 상상에서나 나오는 것 같은)

Can you <u>fancy</u> him to be an actor?

» 당신은 그가 배우라고 상상할 수 있습니까?

She didn't <u>fancy</u> the idea of going home in the dark.

» 그녀는 어둠 속에서 집에 간다는 것은 상상도 못했다.

She had happy <u>fancy</u> of becoming a movie star.

» 그녀는 영화 스타가 되는 즐거운 상상을 했다.

Marketers want to design <u>fancy</u> packages that will catch people's attentions.

» 판매자들은 사람들의 관심을 끌기 위한 화려한 포장재를 디자인하기를 원한다.

:: fascinate

의 미	㉤ 마음을 사로잡다, 매혹시키다, 매료시키다
형 태	3인칭 단수 현재형: fascinates / 과거형: fascinated 과거 분사형: fascinated / −ing형: fascinating 명사형: fascination(매혹) / 형용사형: fascinated(매료된), fascinating (매혹적인), fascinative(매혹적인)

His performance <u>fascinated</u> the audience.

» 그의 공연은 청중들을 매료시켰다.

People tend to be <u>fascinated</u> by the empirical approaches of the natural sciences.

» 사람들은 자연과학의 경험적인 접근방법에 매료되는 경향이 있다.

The impressionists' <u>fascination</u> with light and color continued to influence Gauguin.

≫ 인상파의 빛과 색채에 대한 매력은 고갱에게 계속 영향을 끼쳤다.

Madagascar is the most <u>fascinating</u> place I have ever been to.

≫ 마다가스카르는 내가 여태까지 다녀온 곳 중 가장 매력적인 곳이다.

:: fashion

의 미	㉧ 만들다, 맞추어 만들다
형 태	3인칭 단수 현재형: fashions / 과거형: fashioned 과거 분사형: fashioned / –ing형: fashioning 명사형: fashion(유행, 방식, 패션) 형용사형: fashionable(유행하는, 유행을 따른), fashioned(…한 풍의)

They <u>fashioned</u> a pot out of clay.

≫ 그들은 점토로 도자기를 만들었다.

He <u>fashioned</u> a boat out of a tree trunk.

≫ 그는 나무줄기로 보트를 만들었다.

Jeans are still in <u>fashion</u>.

≫ 청바지는 여전히 유행한다.

It's becoming <u>fashionable</u> to have short hair again.

≫ 단발머리를 하는 것이 다시 유행하고 있다.

:: fast

의 미	㉺ 단식시키다 ㉘ 단식하다, 절식하다
형 태	3인칭 단수 현재형: fasts / 과거형: fasted 과거 분사형: fasted / –ing형: fasting 명사형: fast(단식), faster(단식하는 사람, 절식하는 사람), fasting(단식, 절식) / 형용사형: fasting(단식의, 절식의)

Muslims <u>fast</u> during Ramadan.

≫ 이슬람교도들은 라마단 기간 동안에 단식을 한다.

She has been <u>fasting</u> all day.

≫ 그녀는 하루 종일 단식을 하고 있다.

Ramadan ends with the <u>fast</u>-breaking festival of Eid al-Fitr.

≫ 라마단은 단식을 끝내는 축제인 아이드 알 피트르로 끝난다.

Some patients should <u>fast</u> before surgery.

≫ 일부 환자들은 수술하기 전에 단식해야 한다.

:: fasten

의 미	㉺ 단단히 고정시키다, 매다, 묶다, 채우다 ㉘ 고정하다
형 태	3인칭 단수 현재형: fastens / 과거형: fastened 과거 분사형: fastened / –ing형: fastening 명사형: fastener(고정시키는 사람이나 물건, 잠금장치), fastening 잠그는 부분)

<u>Fasten</u> your seat belt, please.

≫ 안전벨트를 착용해 주세요.

He <u>fastened</u> the papers together with a paper clip.

≫ 그는 종이 클립으로 그 서류들을 함께 묶었다.

She <u>fastened</u> up her coat.

≫ 그녀는 코트를 단단히 여몄다.

The dress <u>fastens</u> at the back.

≫ 그 드레스는 등 쪽에서 지퍼를 잠그게 되어 있다.

:: fatigue

의 미	㉤ 지치게 하다, 피로하게 하다, 약화시키다 ㉤ 지치다, 피로하다
형 태	3인칭 단수 현재형: fatigues / 과거형: fatigued 과거 분사형: fatigued / –ing형: fatiguing 명사형: fatigue(피로) / 형용사형: fatigued(피곤한, 지친), fatigable (곧 피로해지는), fatigueless(지칠 줄 모르는)

I was <u>fatigued</u> with the work.

≫ 나는 그 일 때문에 지쳐있었다.

She <u>fatigues</u> easily.

≫ 그녀는 쉽게 지친다.

Staying up all night can be the main cause of <u>fatigue</u>.

≫ 밤을 새는 일은 피로의 주요 원인이 될 수 있다.

Sleep is essential for the recovery from <u>fatigue</u> and the maintenance of health.

≫ 잠은 피로회복과 건강관리에 필수적이다.

:: fault

의 미	타 비난하다, 흠을 잡다 자 잘못을 저지르다
형 태	3인칭 단수 현재형: faults / 과거형: faulted 과거 분사형: faulted / –ing형: faulting 명사형: fault(잘못, 결점, 실수), faultiness(흠이 있음) 형용사형: faulty(결점이 있는), faultless(결점이 없는)

Her colleagues could not <u>fault</u> her dedication to the job.

≫ 그녀의 동료들은 그녀가 그 일을 헌신적으로 하는 것을 비난할 수 없었다.

She couldn't <u>fault</u> him on that.

≫ 그녀는 그 일에 대해서 그를 비난할 수 없었다.

Men are blind to their <u>faults</u>, but never lose sight of their neighbor's.

≫ 사람들은 자신의 결점을 못 보지만, 이웃의 결점을 못 보는 적이 없다.

It's nobody's <u>fault</u>.

≫ 그것은 누구의 잘못도 아니다.

:: favor

의 미	㉤ 호의를 보이다, 베풀다, 편애하다
형 태	3인칭 단수 현재형: favors / 과거형: favored 과거 분사형: favored / -ing형: favoring 명사형: favor(호의, 친절, 부탁), favorer(호의를 베푸는 사람) 형용사형: favorite(마음에 드는), favorable(호의적인)

Will you <u>favor</u> us with a song?

➤ 우리에게 노래를 들려주시겠습니까?

A teacher should not <u>favor</u> one student over another.

➤ 교사는 학생을 편애해서는 안 된다.

Would you do me a <u>favor</u>?

➤ 부탁 좀 들어주시겠어요?

What's your <u>favorite</u> hobby?

➤ 당신이 좋아하는 취미는 무엇입니까?

:: fear

의 미	㉤ ㉦ 두려워하다, 염려하다
형 태	3인칭 단수 현재형: fears / 과거형: feared 과거 분사형: feared / -ing형: fearing 명사형: fear(두려움, 공포, 걱정), fearfulness(무서움) 형용사형: fearful(두려워하는), fearless(겁이 없는), fearsome(무시 무시한)

A real loser is someone that <u>fears</u> failure and doesn't even try.
>> 진짜 패배자는 실패가 두려워서 시도조차 하지 않는 사람이다.

Many adults <u>fear</u> that children value their mobile phones more than their books.
>> 많은 어른들은 아이들이 그들의 책보다 휴대폰을 더 소중히 여기는 것에 대해 염려한다.

Nomophobia is a <u>fear</u> from being without a mobile phone.
>> '노모포비아'는 휴대폰이 없을 때 나타나는 공포증이다.

Some animals are very strong and <u>fearless</u>.
>> 어떤 동물들은 힘도 매우 세고, 겁도 없다.

:: feast

의 미	囲 즐겁게 하다, 대접하다 恋 즐기다, 포식하다
형 태	3인칭 단수 현재형: feasts / 과거형: feasted 과거 분사형: feasted / –ing형: feasting 명사형: feast(축제, 연회, 잔치), feaster(연회의 손님) 형용사형: festive(축제의, 즐거운)

That's the place where tourists <u>feast</u> on traditional food.
>> 그곳은 여행객들이 전통음식을 마음껏 먹을 수 있는 곳이다.

Thanksgiving day is a day for family reunions, <u>feasting</u> and making merry.
>> 추수감사절은 가족모임, 잔치, 그리고 즐겁게 놀기 위한 날이다.

That evening was a real <u>feast</u> for music lovers.
>> 그날 저녁은 음악 애호가들에게는 진정한 축제였다.

The whole town is in <u>festive</u> mood.
>> 도시 전체가 축제 분위기이다.

:: feather

의 미	㉺ 깃털로 덮다, 수북하게 덮다, 깃털처럼 움직이다
형 태	3인칭 단수 현재형: feathers / 과거형: feathered 과거 분사형: feathered / –ing형: feathering 명사형: feather(깃털), feathering(깃털) / 형용사형: feathered (깃털이 있는), featherless(깃털이 없는), feathery(솜털 같은)

The hills were <u>feathered</u> with pine trees.
>> 그 언덕들은 소나무로 덮여있었다.

The wave of barley was <u>feathering</u> to a gentle breeze.
>> 보리 이삭 물결이 산들바람에 깃털처럼 흔들리고 있었다.

The <u>feathers</u> were exchanged between people for a token of respect and friendship.
>> 그 깃털들은 존경과 우정의 징표로서, 사람들 사이에 교환되었다.

<u>Featherless</u> chicks need extra energy to stay warm.
>> 깃털이 없는 병아리들은 체온을 따뜻하게 유지하기 위해서 여분의 에너지가 필요하다.

:: feature

의 미	태 자 특징을 이루다, 출연하다
형 태	3인칭 단수 현재형: features / 과거형: featured 과거 분사형: featured / −ing형: featuring 명사형: feature(특징, 특집기사), featurette(특작 단편영화) 형용사형: featured(특색으로 한, 주연의), featureless(특색 없는)

His works **feature** an extreme use of special effects and attractive visuals.

» 그의 작품들은 특수효과와 매력적인 영상들을 과하게 사용하는 것이 특징이다.

He was **featured** as a lawyer in that movie.

» 그는 그 영화에서 변호사로 출연했다.

The report has no particular distinguishing **features**.

» 그 보고서에는 특별히 두드러진 특징들이 없다.

The countryside is flat and **featureless**.

» 그 시골지역은 평평하고 특색이 없다.

:: feed

의 미	태 먹이다, 먹이를 주다, 공급하다 자 먹다
형 태	3인칭 단수 현재형: feeds / 과거형: fed 과거 분사형: fed / −ing형: feeding 명사형: feed(먹이, 공급용 장치), feeding(수유, 먹이 주기), feeder (…을 먹는 동식물) / 형용사: feeder(공급하는, 진입하는)

Have you <u>fed</u> the cat?

》 고양이에게 먹이를 주었나요?

Butterflies <u>feed</u> on the flowers of garden plants.

》 나비는 정원 식물의 꽃을 먹는다.

He has a large family to <u>feed</u>.

》 그는 부양가족이 많다.

The printer has an automatic paper <u>feed</u>.

》 그 프린터는 자동으로 종이를 공급하는 장치를 지니고 있다.

:: feel

의 미	㉑ 느끼다, …한 기분이 들다, …인 것 같다, …라고 생각하다
형 태	3인칭 단수 현재형: feels / 과거형: felt 과거 분사형: felt / −ing형: feeling 명사형: feel(느낌, 촉감, 감촉, 분위기), feeling(느낌, 기분, 촉수), feeler(더듬이, 촉수)

She <u>felt</u> a pain in her stomach.

》 그녀는 위에 통증을 느꼈다.

How are you <u>feeling</u> today?

》 오늘 당신의 기분은 어떠신가요?

You'll <u>feel</u> better after a good night's sleep.

》 하룻밤 푹 자고 나면, 당신은 기분이 더 좋아질 것이다.

I have a **feeling** that 2018 will be a special year.

≫ 나는 2018년이 특별한 해가 될 것이라는 느낌이 든다.

:: fence

의 미	囘 울타리를 치다, 방호하다
형 태	3인칭 단수 현재형: fences / 과거형: fenced 과거 분사형: fenced / -ing형: fencing 명사형: fence(울타리, 장애물) 형용사형: fenceless(울타리가 없는)

His property is **fenced** with barbed wire.

≫ 그의 사유지는 가시철조망으로 울타리가 쳐져 있다.

They **fenced** the place from the wind.

≫ 그들은 그곳에 울타리를 쳐서 바람을 막았다.

The area has been **fenced** from the public.

≫ 그 지역은 일반인들이 들어오지 못하도록 울타리가 쳐져 있다.

His strong swing sent the ball over the right **fence**.

≫ 그의 강력한 스윙은 오른쪽 울타리 너머로 공을 보냈다.

:: ferment

의 미	⒮ 발효시키다 ⒜ 발효되다
형 태	3인칭 단수 현재형: ferments / 과거형: fermented 과거 분사형: fermented / -ing형: fermenting 명사형: fermentation(발효 작용), ferment(사회적 소요, 정치적 동요) 형용사형: fermented(발효된), fermentative(발효력 있는)

Fruit juices **ferment** if they are kept for too long.

≫ 과일 주스는 너무 오래 보관하면 발효된다.

Red wine is **fermented** at a higher temperature than white wine.

≫ 적포도주는 백포도주보다 더 높은 온도에서 발효된다.

The country was in a political **ferment**.

≫ 그 나라는 정치적 소요 상태에 놓여있었다.

Ganjang is made from **fermented** soybean.

≫ 간장은 발효된 콩으로 만들어진다.

:: fertilize

의 미	⒮ 수정시키다, 비옥하게 하다, 비료를 주다
형 태	3인칭 단수 현재형: fertilizes / 과거형: fertilized 과거 분사형: fertilized / -ing형: fertilizing 명사형: fertilizer(비료), fertilization(수정, 비옥화, 기름지게 함) 형용사형: fertile(비옥한)

Flowers are often <u>fertilized</u> by bees as they gather nectar.

>> 꽃들은 흔히 꿀을 모으러 다니는 벌들에 의해 수정된다.

The soil has been <u>fertilized</u> by the crops.

>> 그 토양은 그 농작물을 심었기 때문에 비옥하게 되었다.

The farmer uses natural <u>fertilizer</u> from his cows.

>> 그 농부는 소의 분비물을 천연비료로 사용한다.

The lands surrounding lakes are usually very <u>fertile</u>.

>> 호수를 둘러싸고 있는 육지는 보통 매우 비옥하다.

:: fetch

의 미	他 어디를 가서 가지고 오다, 마음을 사로잡다, 특정 가격에 팔리다
형 태	3인칭 단수 현재형: fetched / 과거형: fetched 과거 분사형: fetched / –ing형: fetching 명사형: fetch(가서 가지고 오기), fetcher(가서 가져오는 사람) 형용사형: fetching(멋진, 매력적인)

Quick, <u>fetch</u> the ladder!

>> 빨리, 사다리 좀 가져와!

The inhabitants have to walk a mile to <u>fetch</u> water.

>> 그 주민들은 물을 길어오기 위해 1마일을 걸어야 한다.

It will <u>fetch</u> a high price.

>> 그것은 높은 가격에 팔릴 것이다.

The amazing dog goes and <u>fetches</u> medicine for her owner.
≫ 그 놀라운 개는 주인을 위해 약을 가져온다.

:: fight

의 미	🔲 🔲 싸우다, 다투다
형 태	3인칭 단수 현재형: fights / 과거형: fought 과거 분사형: fought / -ing형: fighting 명사형: fight(싸움, 전투, 다툼, 투쟁), fighter(전투기, 전사) 형용사형: fighting(싸우는, 호전적인)

They gathered soldiers to <u>fight</u> the invading army.
≫ 그들은 침략군에 맞서 싸울 병사들을 모집했다.

The workers are <u>fighting</u> the decision to close the factory.
≫ 그 노동자들은 공장을 폐쇄하는 결정에 맞서 싸우고 있다.

In order to <u>fight</u> against stress and stay healthy, try to laugh a lot.
≫ 스트레스에 맞서 싸우고 건강을 유지하기 위해서는, 많이 웃으려고 노력하세요.

The <u>fight</u> against the disease is everybody's problem.
≫ 그 질병과의 싸움은 모든 사람의 문제이다.

:: figure

의 미	타 생각하다, 판단하다, 중요한 부분이다, 계산하다
형 태	3인칭 단수 현재형: figures / 과거형: figured 과거 분사형: figured / −ing형: figuring 명사형: figure(모습, 인물, 수치), figuration(형체 부여, 성형) 형용사형: figurative(비유적인), figureless(형체가 없는)

We <u>figured</u> the sensible thing to do was to wait.

>> 우리는 기다리는 일이 현명하게 처신하는 것이라 생각했다.

NASA is trying to <u>figure</u> out where the water came from.

>> 미국 항공우주국은 그 물이 어디에서 왔는지를 알아내기 위해 노력하고 있다.

The <u>figure</u> is at its highest ever recorded in Korea.

>> 그 수치는 한국에서 지금까지 기록된 것 중 가장 높은 수치이다.

Walt Disney is one of the most important cultural <u>figures</u> in history.

>> 월트 디즈니는 역사상 가장 중요한 문화계 인물들 중의 한명이다.

:: file

의 미	타 문서 등을 보관하다, 철하다, 소송을 제기하다
형 태	3인칭 단수 현재형: files / 과거형: filed 과거 분사형: filed / −ing형: filing 명사형: file(서류철, 컴퓨터 파일, 정보, 문서를 철하는 기구), filing (서류 철하기, 서류 정리)

The forms should be **filed** alphabetically.

》 그 서류 양식들은 철자 순서로 철해져야 한다.

I **filed** the letters away in the drawer.

》 나는 그 편지들을 서랍에 보관했다.

The likelihood that the prosecution will **file** charges is definite.

》 검찰이 소송을 제기할 가능성이 명백하다.

Audiobooks are audio recordings of books in the form of CDs and digital **files**.

》 오디오북은 CD나 디지털 파일 형식으로 된 책의 음향기록이다.

:: fill

의 미	타 채우다, 가득 차게 하다, 메우다, 보충하다, 신청서를 작성하다
형 태	3인칭 단수 현재형: fills / 과거형: filled 과거 분사형: filled / -ing형: filling 명사형: fill(가득한 양), filler(충전재, 채우기 위한 것) 형용사형: filled(가득 찬), full(가득한), filling(포만감을 주는)

The ball is **filled** with metal beads that make sounds.

》 그 공은 소리를 내는 금속 구슬들로 가득 차 있다.

I hope the new year will be **filled** with happiness and joy.

》 나는 새해가 행복과 기쁨으로 가득하기를 바란다.

Fill out this form and we'll get you a library card.
» 이 신청서를 작성하면, 우리는 당신에게 도서관 카드를 만들어 줄 것이다.

His suitcase was full of books.
» 그의 가방에는 책들이 가득 들어 있었다.

:: film

의 미	타 촬영하다, 얇은 막으로 덮다
형 태	3인칭 단수 현재형: films / 과거형: filmed 과거 분사형: filmed / –ing형: filming 명사형: film(영화, 필름, 얇은 막), filming(촬영) 형용사형: filmy(얇은, 안이 다 비치는), filmic(영화의)

The program was filmed on location in a mountain in the Rockies.
» 그 프로그램은 로키산맥에 있는 산에서 야외 촬영되었다.

The furniture was filmed over with dust.
» 그 가구는 얇은 먼지로 뒤덮여 있었다.

Let's go to the cinema. There's a good film on this week.
» 영화 보러 갑시다. 이번 주에 상영되는 좋은 영화가 있어요.

There was a film of oil on the water.
» 수면 위에 얇은 기름막이 있었다.

:: filter

의 미	㉓ 여과하다, 거르다 ㉔ 서서히 이동하다, 흘러나오다, 새어나오다
형 태	3인칭 단수 현재형: filters / 과거형: filtered 과거 분사형: filtered / −ing형: filtering 명사형: filter(필터, 여과장치), filtering(거르기), filtration(여과) 형용사형: filterable(여과할 수 있는), filtratable(여과할 수 있는)

All drinking water must be <u>filtered</u>.

≫ 모든 식수는 반드시 여과되어야 한다.

Use a sun block that <u>filters</u> UVA effectively.

≫ 장파장 자외선을 효과적으로 여과하는 자외선 차단 크림을 사용하세요.

More details about the crash are <u>filtering</u> through.

≫ 그 충돌 사고에 대한 좀 더 자세한 내용들이 서서히 알려지고 있다.

He smokes cigarettes without <u>filters</u>.

≫ 그는 필터가 없는 담배를 피운다.

:: finalize

의 미	㉓ 마무리하다, 결말을 짓다
형 태	3인칭 단수 현재형: finalizes / 과거형: finalized 과거 분사형: finalized / −ing형: finalizing 명사형: finalization(마무리, 최종 승인, 협상 체결), finalizer(마무리 하는 사람, 협상 체결자) / 형용사형: final(마지막의)

They met to <u>finalize</u> the terms of the treaty.

» 그들은 조약의 조건들을 마무리하기 위해서 만났다.

Negotiators from the six countries <u>finalized</u> the agreement in September.

» 6개국의 교섭자들은 9월에 그 협정을 마무리했다.

The festival <u>finalized</u> its 10-day program on November 15.

» 그 축제는 11월 15일에 10일간의 일정을 마무리했다.

The project is in its <u>final</u> stages.

» 그 프로젝트는 이제 마지막 단계에 있다.

:: finance

의 미	㉓ 자금을 지원하다, 자금을 공급하다
형 태	3인칭 단수 현재형: finances / 과거형: financed 과거 분사형: financed / -ing형: financing 명사형: finance(재원, 재정, 자금), financing(자금 조달, 융자), financier(자본가, 금융업자) / 형용사형: financial(재정의, 금융의)

The project was <u>financed</u> by the Ministry of Education, Science and Technology.

» 그 프로젝트는 교육과학기술부로부터 자금 지원을 받았다.

The first problem is how to <u>finance</u> such a service.

» 첫 번째 문제는 이러한 서비스를 하기 위해 자금을 마련하는 일이다.

<u>Finance</u> for education comes from taxpayers.

» 교육비 재원은 납세자들로부터 조달된다.

Many people who are retired are suffering from <u>financial</u> problems.
>> 많은 은퇴자들이 재정적인 문제로 고통 받고 있다.

:: find

의 미	ⓣ 찾다, 발견하다, 알아내다, 얻어내다, …라고 생각하다
형 태	3인칭 단수 현재형: finds / 과거형: found 과거 분사형: found / –ing형: finding 명사형: find(발견물), finder(발견자), finding(결과, 결론, 판결, 평결) 형용사형: findable(발견할 수 있는)

We've <u>found</u> a great new restaurant near the office.
>> 우리는 사무실 근처에서 근사한 새 식당을 발견했다.

They tried to <u>find</u> a solution to the problem.
>> 그들은 그 문제에 대한 해결책을 찾으려고 노력했다.

You may <u>find</u> it hard to accept your illness.
>> 당신은 당신의 질병을 받아들이기 힘들다고 생각할 수도 있다.

She published her <u>findings</u> in a scholarly journal.
>> 그녀는 그녀의 연구 결과를 학술지에 발표했다.

:: fine

의 미	㉳ 벌금을 부과하다, 정제하다, 정확하게 하다
형 태	3인칭 단수 현재형: fines / 과거형: fined 과거 분사형: fined / -ing형: fining 명사형: fine(벌금, 과태료, 종말), fineness(촘촘함, 순도) 형용사형: fine(건강한, 맑은, 멋진, 질 높은, 미세한)

She was <u>fined</u> for speeding.

≫ 그녀에게 과속으로 인한 벌금이 부과되었다.

The state will <u>fine</u> 100 dollars if someone smokes in the no-smoking areas.

≫ 누군가가 금연구역에서 담배를 피우면, 그 주는 100달러의 벌금을 부과할 것이다.

Offenders will be liable to a heavy <u>fine</u>.

≫ 위반자들은 무거운 벌금을 물게 될 것이다.

Don't worry about me. I'll be <u>fine</u>.

≫ 내 걱정은 하지 마세요. 괜찮아 질 거예요.

:: finger

의 미	㉳ 손가락으로 만지다, 밀고하다, 지적하다
형 태	3인칭 단수 현재형: fingers / 과거형: fingered 과거 분사형: fingered / -ing형: fingering 명사형: finger(손가락, 손가락 모양의 것) 형용사형: fingered(손가락이 …인), fingerless(손가락이 없는)

Don't **finger** the goods.

≫ 그 상품을 손으로 만지지 마세요.

He sat **fingering** his beard, saying nothing.

≫ 그는 아무 말도 없이, 수염만 만지작거리며 앉아 있었다.

The witness **fingered** the criminal.

≫ 그 목격자는 범인을 지적했다.

Use your elbow instead of your **finger** to press the button.

≫ 버튼을 누를 때, 손가락 대신에 팔꿈치를 사용하세요.

:: finish

의 미	㉫ 끝내다, 마치다, 마무리 짓다 ㉯ 끝나다
형 태	3인칭 단수 현재형: finishes / 과거형: finished 과거 분사형: finished / –ing형: finishing 명사형: finish(마지막 부분, 마무리 부분) 형용사형: finishing(마무리의), finished(완성된), finite(한정된, 유한한)

I will wait for you to **finish** your work.

≫ 나는 당신이 일을 끝낼 때까지 기다릴 것이다.

You will feel a sense of accomplishment once you **finish** the project.

≫ 일단 당신이 그 프로젝트를 끝마치면, 성취감을 느낄 것이다.

They won in the end, but it was a tight **finish**.

≫ 그들이 마침내 이겼지만, 끝까지 팽팽한 접전이었다.

They used high-quality <u>finishing</u> materials in those apartments.

≫ 그들은 그 아파트에 고급 마감재를 사용했다.

:: fire

의 미	㉭ 해고하다, 발사하다, 자극하다 ㉞ 발사하다
형 태	3인칭 단수 현재형: fires / 과거형: fired 과거 분사형: fired / -ing형: firing 명사형: fire(불, 화재), firer(점화물, 점화장치, 발화기) 형용사형: fiery(불타는 듯한, 맹렬한), fireless(불이 없는, 활기가 없는)

He was severely criticized and eventually <u>fired</u>.

≫ 그는 혹독하게 비판받았고, 결국 해고되었다.

A loud noise results when a gun <u>fires</u> out a bullet.

≫ 총알을 발사할 때, 총에서 큰 소리가 난다.

Do you know what to do when a <u>fire</u> break out?

≫ 당신은 불이 났을 때, 어떻게 해야 하는지 아십니까?

The tiger's eyes, round and <u>fiery</u>, glared at us.

≫ 둥글고 불타는 듯한, 호랑이의 눈이 우리를 응시하고 있었다.

:: firm

의 미	㉤ 다지다, 단단하게 하다 ㉨ 주가나 물가가 안정되다
형 태	3인칭 단수 현재형: firms / 과거형: firmed 과거 분사형: firmed / −ing형: firming 명사형: firm(회사, 기업), firmness(견고, 단단함) 형용사형: firm(강경한, 확고한, 단호한, 안정적인)

Firm the soil around the plant.

≫ 화초 주변의 흙을 단단하게 다져주세요.

This product claims to firm your body in 6 weeks.

≫ 이 상품은 6주 후엔 당신의 몸을 탄탄하게 만들어준다고 주장한다.

Recently, a biotechnology firm in Berlin, Germany, invented cavity-killing candy.

≫ 최근에, 독일 베를린의 한 생명공학 회사에서 충치를 유발하지 않는 사탕을 개발했다.

The two nations were firm in their position for North Korea's denuclearization.

≫ 그 두 나라는 북한의 비핵화 문제에 대해서 강경한 입장을 보였다.

:: fit

의 미	㉤ ㉨ 알맞다, 맞추다, 적절하다, 설치하다, 끼우다
형 태	3인칭 단수 현재형: fits / 과거형: fitted, fit 과거 분사형: fitted, fit / −ing형: fitting 명사형: fitness(신체단련, 건강, 적합함), fit(발작, 어울림, 조화) 형용사형: fit(건강한, 알맞은)

That jacket <u>fits</u> well.

>> 그 재킷은 잘 맞는다.

The screen adjusts light and the images to <u>fit</u> your eyes.

>> 그 스크린은 당신의 눈에 맞추려고 빛과 영상을 조절한다.

Mental health is as important as physical <u>fitness</u>.

>> 정신 건강은 신체 건강과 마찬가지로 중요하다.

She tries to keep <u>fit</u> by jogging every day.

>> 그녀는 매일 조깅을 함으로써, 건강한 몸매를 유지하려고 노력한다.

:: fix

의 미	㉫ 고정시키다, 날짜 등을 정하다, 마련하다, 수리하다
형 태	3인칭 단수 현재형: fixes / 과거형: fixed 과거 분사형: fixed / –ing형: fixing 명사형: fixation(고정, 집착), fixing(고정, 응고), fixer(정착액, 해결사), fixity(고정, 불변) / 형용사형: fixed(고정된, 확고한, 변치 않는)

She <u>fixed</u> her eyesight for a while, looking at the picture.

>> 그녀는 그 그림을 보면서, 잠시 동안 시야를 고정시켰다.

Has the date of the next meeting been <u>fixed</u>?

>> 다음 회의 날짜가 정해졌습니까?

The car won't start. Can you <u>fix</u> it?

>> 자동차가 시동이 안 걸려요. 수리할 수 있겠습니까?

Salsa dancing does not require a <u>fixed</u> partner.

≫ Salsa 댄스는 고정된 파트너를 요구하지 않는다.

:: flag

의 미	㉑ 깃발로 장식하다, 중요한 정보에 표시하다 ㉓ 시들해지다, 약해지다
형 태	3인칭 단수 현재형: flags / 과거형: flagged 과거 분사형: flagged / -ing형: flagging 명사형: flag(깃발, 기치), flagger(신호 기수, 건널목지기) 형용사형: flaggy(축 처지는, 무기력한), flagless(깃발이 없는)

The streets were <u>flagged</u> for a festival.

≫ 그 거리들은 축제를 경축하기 위해서 깃발로 장식되었다.

I've <u>flagged</u> the paragraphs that we need to look at in more detail.

≫ 나는 우리가 좀 더 자세히 살펴보아야 할 필요가 있는 단락들에다 표시를
해 두었다.

It had been a long day and he was beginning to <u>flag</u>.

≫ 힘든 하루였기 때문에, 그는 지치기 시작하고 있었다.

Nepal's <u>flag</u> is the only national <u>flag</u> in the world that is not rectangular.

≫ 네팔의 국기는 세상에서 유일하게 직사각형이 아닌 국기이다.

:: flake

의 미	㉜ 얇게 조각조각 떨어지다, 벗겨지다, 포를 저미다
형 태	3인칭 단수 현재형: flakes / 과거형: flaked 과거 분사형: flaked / –ing형: flaking 명사형: flake(얇은 조각, 눈송이), flaker(부싯돌을 잘라내는 사람) 형용사형: flaky(얇게 벗겨지는, 신뢰할 수 없는)

His skin is dry and <u>flaking</u>.

≫ 그의 피부는 건조하고, 각질이 벗겨지고 있다.

The paint has <u>flaked</u> off in some spots.

≫ 군데군데 페인트칠이 벗겨져 있다.

Large snow <u>flakes</u> are coming down hard.

≫ 함박눈이 펑펑 내리고 있다.

They think people are <u>flaky</u> and superficial in big cities.

≫ 그들은 대도시 사람들은 신뢰하기 힘들고, 깊이도 없다고 생각한다.

:: flame

의 미	㉡ 불태우다 ㉜ 불꽃처럼 빛나다, 활활 타오르다, 폭발하다
형 태	3인칭 단수 현재형: flames / 과거형: flamed 과거 분사형: flamed / –ing형: flaming 명사형: flame(불꽃, 화염, 불꽃같은 광채), flamelet(작은 불꽃) 형용사형: flamy(불꽃의, 불타는 듯한), flamelike(불꽃같은)

The hill <u>flames</u> with azaleas.

》 그 언덕은 진달래로 불타는 듯하다.

Her face was <u>flaming</u> with strong jealousy.

》 그녀의 얼굴은 강한 질투심으로 붉게 타오르고 있었다.

The Olympic <u>Flame</u> is the most important symbol of the Olympic Games.

》 올림픽 성화는 올림픽 게임에서 가장 중요한 상징이다.

The building was in <u>flames</u>.

》 그 건물은 불길에 휩싸여 있었다.

:: flap

의 미	㉤ ㉣ 새가 날개를 퍼덕이다, 펄럭거리다, 휘날리다, 찰싹 치다
형 태	3인칭 단수 현재형: flaps / 과거형: flapped 과거 분사형: flapped / -ing형: flapping 명사형: flap(펄럭거림, 덮개, 날개) / 형용사형: flappy(느슨한, 헐렁한), flappable(동요하기 쉬운, 흥분하기 쉬운)

A gust of wind <u>flapped</u> the tents.

》 거센 돌풍이 불어 텐트가 펄럭거렸다.

Her long hair <u>flapped</u> in the wind.

》 그녀의 긴 머리가 바람에 휘날렸다.

He <u>flapped</u> at the fly with a newspaper.

》 그는 신문지로 파리를 찰싹 쳤다.

With a <u>flap</u> of its wings, the bird flew away.

≫ 그 새는 날개를 퍼덕이며, 날아가 버렸다.

:: flare

의 미	㉘ 잠깐 동안 확 타오르다, 버럭 화를 내다, 나팔꽃 모양으로 벌어지다
형 태	3인칭 단수 현재형: flares / 과거형: flared 과거 분사형: flared / -ing형: flaring 명사형: flare(순간적으로 확 타오르는 불길, 조명탄, 나팔 모양) 형용사형: flared(나팔 모양의), flaring(밝게 빛나는, 번지르르한)

The match <u>flared</u> and went out.

≫ 그 성냥불은 확 타오르다가 꺼졌다.

He has a tendency to <u>flare</u> up for no apparent reason.

≫ 그는 분명한 이유도 없이, 버럭 화를 내는 경향이 있다.

I like the way this skirt <u>flares</u> out at the bottom.

≫ 나는 이 스커트 밑단이 나팔 모양으로 퍼져있는 것이 마음에 든다.

The ship sent up distress <u>flares</u> to attract the attention of the coast guard.

≫ 그 배는 해안경비대의 관심을 유도하기 위해 조난 조명탄을 쏘아 올렸다.

:: flash

의 미	㉤ 신호를 보내다, 휙 내보이다 ㉤ 번쩍이다, 떠오르다, 휙 움직이다
형 태	3인칭 단수 현재형: flashes / 과거형: flashed 과거 분사형: flashed / -ing형: flashing 명사형: flash(카메라 플래시, 반짝임, 불빛 신호), flasher(자동 점멸기) 형용사형: flashy(호화로운, 현란한), flashing(점멸하는)

Signboards with lights that <u>flash</u> on and off will be banned.

≫ 불빛이 켜졌다 꺼졌다 반복하며 번쩍이는 전등이 설치된 간판들은 금지될 것이다.

My mind <u>flashed</u> back to that day.

≫ 내 마음속에 그날의 일이 문득 떠올랐다.

<u>Flashes</u> of light were followed by an explosion.

≫ 번쩍이는 불빛들에 뒤이어 폭발이 일어났다.

She is not used to wear <u>flashy</u> clothes.

≫ 그녀는 화려한 옷을 입는 데에 익숙하지 않다.

:: flatten

의 미	㉤ 납작하게 만들다, 평평하게 하다, 쓰러뜨리다
형 태	3인칭 단수 현재형: flattens / 과거형: flattened 과거 분사형: flattened / -ing형: flattening 명사형: flattener(평평하게 하는 것) 형용사형: flat(평평한, 김빠진), flattened(납작해진)

He <u>flattened</u> out the bent plate.

≫ 그는 구부러진 금속판을 평평하게 폈다.

The cat <u>flattened</u> himself on the ground.

≫ 그 고양이는 땅바닥에 납작 엎드렸다.

The storm <u>flattened</u> the wooden huts that the villagers lived in.

≫ 그 폭풍은 마을사람들이 거주했던 나무 오두막들을 쓰러뜨렸다.

People used to think the earth was <u>flat</u>.

≫ 옛날에는 사람들이 지구가 평평하다고 생각했다.

:: flatter

의 미	配 아첨하다, 추켜세우다, 실제보다 돋보이게 하다
형 태	3인칭 단수 현재형: flatters / 과거형: flattered 과거 분사형: flattered / -ing형: flattering 명사형: flattery(아첨, 아부), flatterer(아첨꾼) / 형용사형: flattering (알랑거리는, 즐겁게 해주는), flatterable(알랑거릴 수 있는)

A person who likes to <u>flatter</u> others is not to be trusted.

≫ 남에게 아첨하기 좋아하는 사람은 믿을 수 없다.

Don't <u>flatter</u> me.

≫ 비행기 태우지 마세요. (나를 너무 추켜세우지 마세요.)

<u>Flattery</u> is the only way to his favor.

≫ 그의 호감을 사려면 아부하는 수밖에 없다.

That's <u>flattering</u> for me.

≫ 그것은 나를 즐겁게 해준다.

:: flavor

의 미	㉣ …에 맛을 내다, 풍미를 곁들이다
형 태	3인칭 단수 현재형: flavors / 과거형: flavored 과거 분사형: flavored / −ing형: flavoring 명사형: flavor(맛, 풍미, 풍취, 특색) / 형용사형: flavorful(향긋한, 맛있는), flavory(맛있는), flavorless(풍미 없는)

I like a dish <u>flavored</u> with garlic.

≫ 나는 마늘로 맛을 낸 요리를 좋아한다.

She <u>flavored</u> a sauce with onions.

≫ 그녀는 소스에 양파를 넣어 맛을 냈다.

What <u>flavor</u> of ice cream do you like?

≫ 당신은 어떤 맛의 아이스크림을 좋아합니까?

<u>Flavorful</u> spring herbs will stimulate your appetite.

≫ 향긋한 봄나물은 당신의 식욕을 자극할 것이다.

:: flee

의 미	타 자 도피하다, 달아나다, 도망치다
형 태	3인칭 단수 현재형: flees / 과거형: fled 과거 분사형: fled / –ing형: fleeing 명사형: flight(비행, 여행, 항공기, 도주, 도망, 도피, 탈출), fleer(도망자)

She <u>fled</u> to Paris in search of freedom and a new life.

≫ 그녀는 자유와 새로운 인생을 찾기 위해 파리로 도피했다.

He <u>fled</u> at the sight of a policeman.

≫ 그는 경찰관의 모습을 보자마자 달아났다.

They <u>fled</u> immediately after the volcano eruption and no one was hurt.

≫ 그들은 화산 분출 직후에 도피했고, 아무도 다치지 않았다.

<u>Flight</u> BA 8818 is now boarding at gate 13.

≫ BA 8818 항공기가 현재 13번 게이트에서 탑승을 실시하고 있다.

:: flick

의 미	타 탁 털다, 탁 치다, 휙 움직이다, 급히 움직이다, 휙 휘두르다
형 태	3인칭 단수 현재형: flicks / 과거형: flicked 과거 분사형: flicked / –ing형: flicking 명사형: flick(재빨리 움직임, 휙 침, 경쾌한 움직임, 탁 치는 소리, 휙 휙 넘기기, 영화)

She **flicked** the dust off her jacket.

» 그녀는 재킷에 묻은 먼지를 탁 털어냈다.

The snake's tongue **flicked** out.

» 뱀의 혀가 휙 날름거렸다.

I had a **flick** through the catalogue while I was waiting.

» 나는 기다리는 동안 카탈로그를 휙휙 넘기며 보았다.

All this information is available at the **flick** of a switch.

» 이 모든 정보를 스위치만 휙 켜면 얻을 수 있다.

:: float

의 미	㉭ 띄우다, 퍼뜨리다 ㉭ 떠오르다, 떠다니다, 소문이 퍼지다
형 태	3인칭 단수 현재형: floats / 과거형: floated 과거 분사형: floated / -ing형: floating 명사형: flotation(물에 뜸, 부유, 부양) 형용사형: afloat(물에 뜬), floatable(뜰 수 있는)

A small boat was **floating** on the river.

» 작은 배가 강물위에 떠 있었다.

In space, objects **float** because there is no gravity.

» 우주에서는, 중력이 없기 때문에 물체들이 떠다닌다.

This machine is provided with a **flotation** device.

» 이 기계에는 부양 장치가 장착되어 있다.

We kept the boat <u>afloat</u>.

≫ 우리는 그 보트를 계속 물 위에 떠있게 했다.

:: flood

의 미	(타) 물에 잠기게 하다, 가득하게 하다, 쇄도하다 (자) 범람하다, 쇄도하다
형 태	3인칭 단수 현재형: floods / 과거형: flooded 과거 분사형: flooded / –ing형: flooding 명사형: flood(홍수, 쇄도, 폭주), flooding(홍수, 범람, 충만) 형용사형: flooded(침수된, 물에 잠긴)

If the Han River <u>floods</u>, it will cause considerable damage.

≫ 만약에 한강이 범람한다면, 상당한 피해를 초래할 것이다.

Tourists <u>flooded</u> into the city.

≫ 관광객들이 그 도시로 몰려들었다.

The heavy rain has caused <u>floods</u> in many parts of the country.

≫ 그 폭우로 인하여 그 나라의 많은 지역에 홍수가 났다.

Aid was requested from the <u>flooded</u> area.

≫ 침수 지역으로부터 지원 요청이 있었다.

:: floor

의 미	㉰ …에 바닥을 깔다, 바닥에 쓰러뜨리다, 어려운 문제로 당황시키다
형 태	3인칭 단수 현재형: floors / 과거형: floored 과거 분사형: floored / -ing형: flooring 명사형: floor(바닥, 층, 의원석), flooring(바닥재), floorer(바닥을 까는 사람), floorage(바닥 면적) / 형용사형: floored(마루가 깔린)

The place has been **floored** with flat stones.
≫ 그 곳의 바닥에는 평평한 돌이 깔려 있었다.

He **floored** an opponent in a boxing match.
≫ 그는 권투시합에서 상대방을 쓰러뜨렸다.

He was **floored** by the problem.
≫ 그는 그 문제로 인해 당황했다.

My office is on the fifth **floor**.
≫ 내 사무실은 5층에 있다.

:: flourish

의 미	㉘ 번창하다, 활약하다, 잘 자라다
형 태	3인칭 단수 현재형: flourishes / 과거형: flourished 과거 분사형: flourished / -ing형: flourishing 명사형: flourish(과장된 동작, 인상적인 행동, 장식) 형용사형: flourishing(번영하는), flourishy(화려한, 장식체의)

Few businesses are <u>flourishing</u> in the present economic situation.

》 현재의 경제 상황에서는 번창하는 사업체들은 거의 없다.

Socrates <u>flourished</u> about 400 B. C.

》 소크라테스는 기원전 약 400년경에 활약했다.

These plants <u>flourish</u> in a damp climate.

》 이러한 식물들은 습한 기후에서 잘 자란다.

Healthy competition is a symbol of a <u>flourishing</u> society.

》 건전한 경쟁은 번영하는 사회의 상징이다.

:: flow

의 미	⑩ 흐르다, 순환하다, 물 흐르듯이 지나가다, 넘치다
형 태	3인칭 단수 현재형: flows / 과거형: flowed 과거 분사형: flowed / -ing형: flowing 명사형: flow(흐름, 유입, 유출) 형용사형: flowing(흐르는 듯한, 물 흐르는 듯한)

The stream <u>flows</u> into a lake.

》 그 시냇물은 호수로 흘러들어간다.

Blood <u>flows</u> through our bodies.

》 혈액은 우리 몸을 순환한다.

The years <u>flowed</u> away.

》 세월이 물 흐르듯이 지나갔다.

Shocking occurs when the <u>flow</u> of air to the lungs is obstructed.
➣ 허파로 유입되는 공기의 흐름이 차단되면 쇼크가 일어난다.

:: fluctuate

의 미	타 자 변동하다, 오르내리다, 동요하다
형 태	3인칭 단수 현재형: fluctuates / 과거형: fluctuated 과거 분사형: fluctuated / -ing형: fluctuating 명사형: fluctuation(변동, 동요, 흥망) 형용사형: fluctuating(변동이 있는), fluctuational(끊임없이 변동하는)

Traffic congestion <u>fluctuates</u> according to the time of day.
➣ 교통 혼잡은 시각에 따라 변동이 심하다.

Body temperature can <u>fluctuate</u> if you are ill.
➣ 당신이 아플 때는, 체온이 변동을 보일 수 있다.

Even in the tropics, the weather <u>fluctuates</u> from day to day.
➣ 열대지방에서도, 날씨는 매일 변한다.

You have to provide for <u>fluctuations</u> in the exchange rate.
➣ 당신은 환율 변동에 대비해야 한다.

:: flush

의 미	㉣ 물로 씻어내다, 물을 내리다 ㉠ 붉어지다, 상기되다
형 태	3인칭 단수 현재형: flushes / 과거형: flushed 과거 분사형: flushed / –ing형: flushing 명사형: flush(홍조, 감정의 고조, 물을 내림) 형용사형: flush(같은 높이의, 가득 찬, 풍부한)

She flushed with anger.

≫ 그녀는 화가 나서 얼굴이 빨개졌다.

Drinking lots of water will help to flush toxins out of the body.

≫ 물을 많이 마시면, 체내의 독성을 씻어내는 데 도움이 될 것이다.

He forgot to flush the toilet.

≫ 그는 변기에 물을 내리는 것을 깜빡했다.

A pink flush spread over her cheeks.

≫ 그녀의 두 뺨에 핑크빛 홍조가 번졌다.

:: flutter

의 미	㉣ ㉠ 가볍게 흔들리다, 떨다, 두근거리다
형 태	3인칭 단수 현재형: flutters / 과거형: fluttered 과거 분사형: fluttered / –ing형: fluttering 명사형: flutter(가볍게 흔들림, 두근거림, 혼란) / 형용사형: fluttering (팔딱거리는), fluttery(펄럭이는), aflutter(펄럭이는, 흥분하는)

Flags <u>fluttered</u> in the wind.

>> 깃발들이 바람에 펄럭였다.

The snow was <u>fluttering</u> down outside the window.

>> 창밖에는 눈발이 흩날리고 있었다.

Her heart gave a <u>flutter</u> when she saw him.

>> 그녀는 그를 보자, 심장이 두근거렸다.

I could feel a <u>fluttering</u> pulse.

>> 나는 팔딱거리는 맥박을 느낄 수 있었다.

:: fly

의 미	㉦ 날다, 비행기를 타고 가다, 아주 빨리 가다, 휘날리다
형 태	3인칭 단수 현재형: flies / 과거형: flew, flied 과거 분사형: flown, flied / -ing형: flying 명사형: fly(파리, 제물낚시용 미끼, 바지 지퍼 앞부분), flight(비행, 항공기) / 형용사형: flyable(비행하기에 알맞은)

Interesting kites are <u>flying</u> high in the sky.

>> 재미있는 연들이 하늘에서 높이 날고 있다.

Last summer, I <u>flew</u> to Jeju Island with my family.

>> 지난여름에, 나는 가족들과 제주도에 비행기를 타고 갔다.

Time <u>flies</u> very fast.

>> 시간은 정말 빨리 흘러간다.

It looks like a <u>fly</u> or a dragonfly, but it is a robot.

≫ 그것은 마치 파리나 잠자리처럼 보이지만, 그것은 로봇이다.

:: foam

의 미	㉘ ㉚ 거품이 일다, 거품이 되어 사라지다
형 태	3인칭 단수 현재형: foams / 과거형: foamed 과거 분사형: foamed / −ing형: foaming 명사형: foam(거품, 포말, 발포 고무) 형용사형: foamy(거품이 생기는), foamless(거품이 없는)

Beer is <u>foaming</u> in a glass.

≫ 맥주잔 속에서 맥주 거품이 일고 있다.

The torrent roared and <u>foamed</u> along.

≫ 그 급류는 거품을 일으키며 우렁차게 흘렀다.

As time goes on, his passion <u>foamed</u> off.

≫ 시간이 흘러감에 따라, 그의 열정은 거품처럼 사라져갔다.

Skim off the <u>foam</u> when the soup boils.

≫ 국이 끓으면, 거품을 걷어내세요.

:: focus

의 미	㉣ 초점을 맞추다, 집중시키다 / ㉣ 집중하다
형 태	3인칭 단수 현재형: focuses / 과거형: focused 과거 분사형: focused / -ing형: focusing 명사형: focus(초점, 중심, 주안점) 형용사형: focused(집중한), focusable(초점을 맞출 수 있는)

Their questions <u>focused</u> on the main problem.

≫ 그들의 질문들은 주요 문제에 대해 초점을 맞추었다.

Try and <u>focus</u> your mind on the test.

≫ 그 시험에 당신의 마음을 집중시키도록 노력하세요.

It isn't the <u>focus</u> of my argument.

≫ 그것은 내 주장의 요점은 아니다.

Just pay attention, keep <u>focused</u>, and put yourself in the person's shoes.

≫ 그냥 주의를 기울이고, 집중하고, 그리고 상대방의 입장에서 생각하세요.

:: fog

의 미	㉣ ㉣ 안개로 뒤덮다, 김이 서리다, 흐릿하게 하다
형 태	3인칭 단수 현재형: fogs / 과거형: fogged 과거 분사형: fogged / -ing형: fogging 명사형: fog(안개, 연기, 불분명, 모호함) 형용사형: foggy(안개 낀, 모호한), fogged(안개 낀)

It was difficult to see outside the car window because it was <u>fogged</u> up.

≫ 자동차 창문에 김이 서려서, 창밖이 잘 보이지 않았다.

His glasses <u>fogged</u> up when he entered the room.

≫ 그가 방에 들어갔을 때, 그의 안경에 김이 서렸다.

Smog is a combination of the words 'smoke' and '<u>fog</u>.'

≫ 스모그는 '연기(smoke)'와 '안개(fog)'를 합친 말이다.

I enjoy looking at the <u>foggy</u> streets.

≫ 나는 안개 낀 거리들을 쳐다보는 것을 즐긴다.

:: foil

의 미	卧 좌절시키다, 저지하다
형 태	3인칭 단수 현재형: foils / 과거형: foiled 과거 분사형: foiled / −ing형: foiling 명사형: foil(알루미늄 은박지, 금박지) 형용사형: foilable(좌절시킬 수 있는), foiled(은박지에 싼, 좌절된)

They should cooperate closely with the authorities to <u>foil</u> these crimes.

≫ 그들은 이러한 범죄들을 저지하기 위하여 당국과 긴밀하게 협력해야 한다.

They were <u>foiled</u> in their attempt to smuggle the paintings.

≫ 그들은 그 그림들을 밀수하려던 시도를 하다 저지당했다.

The chocolates are individually wrapped in gold <u>foil</u>.

≫ 그 초콜릿들은 금박지로 낱개 포장되어 있다.

He ripped open the <u>foiled</u> packet.
≫ 그는 은박지로 된 포장을 찢어서 열었다.

:: fold

의 미	㉓㉔ 접다, 개키다, 포개다, 감싸다
형 태	3인칭 단수 현재형: folds / 과거형: folded 과거 분사형: folded / -ing형: folding 명사형: fold(접은 부분, 주름) 형용사형: folding(접을 수 있는), foldable(접을 수 있는, 접혀지는)

First, <u>fold</u> the paper in half.
≫ 우선, 그 종이를 반으로 접으세요.

The ironing board <u>folds</u> flat for easy storage.
≫ 그 다리미판은 보관하기 쉽게 납작하게 접힌다.

She <u>folded</u> the baby in a blanket.
≫ 그녀는 담요로 그 아기를 감쌌다.

Let's line up three rows of <u>folding</u> chairs in the back.
≫ 접이식 의자들을 뒤쪽에 세 줄로 정렬해 놓읍시다.

:: follow

의 미	㉠ 뒤따르다, 따르다, 결과가 나오다, 이해하다
형 태	3인칭 단수 현재형: follows / 과거형: followed 과거 분사형: followed / −ing형: following 명사형: follower(추종자, 신봉자) 형용사형: following(뒤따라 오는, 그 다음의)

He <u>followed</u> her into the house.

≫ 그는 그녀를 따라 집안으로 들어갔다.

She always <u>followed</u> the latest fashions.

≫ 그녀는 항상 최신 유행을 따랐다.

Surprisingly, she has over one million Twitter <u>followers</u>!

≫ 놀랍게도 그녀의 트위터 팔로워는 백 만 명이 넘는다!

The Olympic flag arrived in Rio the <u>following</u> day.

≫ 올림픽기는 그 다음 날에 리오에 도착했다.

:: fool

의 미	㉠ 속이다, 기만하다 / ㉑ 웃기려고 바보 같은 짓을 하다
형 태	3인칭 단수 현재형: fools / 과거형: fooled 과거 분사형: fooled / −ing형: fooling 명사형: fool(바보, 놀림감), foolishness(어리석음), foolery(어리석은 짓) 형용사형: foolish(어리석은, 바보 같은), fool(바보 같은)

Don't be <u>fooled</u> by the advertising descriptions.

» 광고 설명에 속지 마세요.

Stop <u>fooling</u> me!

» 나를 놀리지 마세요!

I feel like a <u>fool</u> when I make a stupid mistake.

» 나는 어리석은 실수를 할 때 바보 같다고 느낀다.

It was a very <u>foolish</u> thing to do.

» 그것은 정말 어리석은 짓이었다.

:: forage

의 미	🕀 🕁 먹이를 찾다, …을 찾다
형 태	3인칭 단수 현재형: forages / 과거형: foraged 과거 분사형: foraged / -ing형: foraging 명사형: forage(소나 말의 사료, 식량 징발, 약탈), forager(약탈자, 식량 징발자, 사료 징발자)

Skunks usually <u>forage</u> during the night.

» 스컹크는 주로 밤에 먹이를 찾아다닌다.

The wild boar came to the village to <u>forage</u> for food.

» 멧돼지가 먹이를 찾기 위해 그 마을로 왔다.

He <u>foraged</u> in the pockets of his coat.

» 그는 코트 주머니를 이리저리 뒤졌다.

The cow was on the <u>forage</u>.

>> 소가 풀을 먹고 있었다.

:: forbear

의 미	㉣ …하기를 참다, 삼가다, 그만두다
형 태	3인칭 단수 현재형: forbears / 과거형: forbore 과거 분사형: forborne / —ing형: forbearing 명사형: forbearance(참기, 인내, 관용), forbearer(참는 사람) 형용사형: forbearing(참을성 있는, 관대한)

We should bear and <u>forbear</u> until the last minute.

>> 우리는 마지막 순간까지 잘 참고 견뎌야 한다.

I <u>forbore</u> to comment on his decision.

>> 나는 그의 결정에 관해 논평하는 것을 그만뒀다.

She wanted to answer back, but she <u>forbore</u> from doing so.

>> 그녀는 말대답을 하고 싶었지만, 그렇게 하는 것을 삼갔다.

<u>Forbearance</u> consists in bearing what is unbearable.

>> 인내란 참을 수 없는 것을 참는 것이다.

:: forbid

의 미	㉣ ㉘ 금지하다, …을 못하게 하다, 용납하지 않다, 허용하지 않다
형 태	3인칭 단수 현재형: forbids / 과거형: forbad, forbade 과거 분사형: forbid, forbidden / –ing형: forbidding 명사형: forbiddance(금지) 형용사형: forbidden(금지된), forbidding(무서운, 위험한)

Smoking is <u>forbidden</u> to all the patients.

≫ 흡연은 모든 환자들에게 금지되어 있다.

My conscience <u>forbids</u> me to blame others for my past failures.

≫ 내 양심은 내 과거의 실패를 다른 사람들의 탓으로 돌리는 것을 용납하지 않는다.

He <u>forbade</u> them from mentioning the subject again.

≫ 그는 그들이 그 주제에 대해 다시 언급하는 것을 금지했다.

Making Internet access difficult will only end up making <u>forbidden</u> things more alluring.

≫ 인터넷 접속을 어렵게 만드는 것은 결국 금지된 것들에 대해 더욱 호기심을 갖게 만드는 결과를 낳을 뿐이다.

:: force

의 미	㉣ 강요하다, 억지로 …하게 만들다
형 태	3인칭 단수 현재형: forces / 과거형: forced 과거 분사형: forced / –ing형: forcing 명사형: force(힘, 영향력, 세력, 군대), forcer(강제자) 형용사형: forced(강요된, 억지의), forceful(단호한, 설득력 있는)

The president was <u>forced</u> to resign.

» 그 대통령은 사임을 강요받았다.

Ill health <u>forced</u> him into early retirement.

» 그는 건강이 좋지 않아서 조기 퇴직을 해야 했다.

Pakistan has the sixth largest military <u>force</u> in the world.

» 파키스탄은 세계에서 여섯 번째로 큰 군대를 지니고 있다.

Some doctors say that a <u>forced</u> smile can make people feel more depressed.

» 어떤 의사들은 억지웃음이 사람들을 더 우울하게 만들 수 있다고 말한다.

:: forecast

의 미	他 自 예보하다, 예상하다, 예측하다
형 태	3인칭 단수 현재형: forecasts / 과거형: forecasted, forecast 과거 분사형: forecasted, forecast / -ing형: forecasting 명사형: forecast(예보, 예상, 예측), forecaster(예측하는 사람, 일기 예보자, 기상 예보관)

Snow is <u>forecast</u> for the weekend.

» 주말 동안에 눈이 올 것으로 예상된다.

Experts are <u>forecasting</u> the recovery in the economy.

» 전문가들은 경제 회복을 예측하고 있다.

Checking the weather <u>forecast</u> is an essential part of our daily lives.

» 일기예보를 확인하는 것은 우리의 일상생활에서 필수적인 부분이다.

A weather <u>forecaster</u> says it is expected to be rainy tomorrow.

≫ 기상 예보관은 내일 비가 올 것이라고 말한다.

:: foresee

의 미	(타) 예견하다, …일 것이라고 생각하다
형 태	3인칭 단수 현재형: foresees / 과거형: foresaw 과거 분사형: foreseen / –ing형: foreseeing 명사형: foresight(선견지명, 통찰력) 형용사형: foreseeable(예측할 수 있는), foreseeing(예견할 수 있는)

It is impossible to <u>foresee</u> how life will work out.

≫ 삶이 어떤 식으로 전개되어 나갈지를 예측하기란 불가능하다.

We did not <u>foresee</u> any problems.

≫ 우리는 어떠한 문제들도 예측하지 못했다.

They had the <u>foresight</u> to invest in new technology.

≫ 그들은 신기술에 투자하는 선견지명이 있었다.

Taekwondo will remain an Olympic medal sport for the <u>foreseeable</u> future.

≫ 태권도는 가까운 미래에도 올림픽 메달 종목으로 남아있을 것이다.

:: foretell

의 미	困 예언하다, 예견하다, 예고하다
형 태	3인칭 단수 현재형: foretells / 과거형: foretold 과거 분사형: foretold / −ing형: foretelling 명사형: foreteller(예언하는 사람, 예고하는 사람, 예지자)

Nobody can <u>foretell</u> what will happen in the future.

≫ 아무도 미래에 무슨 일이 일어날지를 예언할 수 없다.

We desperately need people who can <u>foretell</u> the future.

≫ 우리는 미래를 예언할 수 있는 사람들이 절실히 필요하다.

Today's destruction of the environment is <u>foretelling</u> the end of the world.

≫ 오늘날의 환경 파괴는 세계의 종말을 예고하고 있다.

The <u>foreteller</u> prophesied that he will succeed in two years.

≫ 그 예언자는 그가 2년 후엔 성공할 것이라고 예언했다.

:: forfeit

의 미	困 몰수당하다, …을 잃다, 상실하다
형 태	3인칭 단수 현재형: forfeits / 과거형: forfeited 과거 분사형: forfeited / −ing형: forfeiting 명사형: forfeit(벌금, 몰수, 박탈), forfeiture(몰수, 벌금) 형용사형: forfeit(몰수된, 상실한), forfeitable(상실할, 몰수당할)

He _forfeited_ his property by his crime.

≫ 그는 범죄 때문에 재산을 몰수당했다.

He _forfeited_ his driving license by driving drunk.

≫ 그는 음주운전으로 운전면허를 박탈당했다.

Celebrity figures often _forfeit_ the right to privacy.

≫ 유명 인사들은 흔히 사생활에 대한 권리를 침해당한다.

The court ordered the _forfeit_ of his assets.

≫ 법원이 그의 재산에 대해 몰수 명령을 내렸다.

:: forge

의 미	🖲 구축하다, 위조하다, 힘 있게 나아가다
형 태	3인칭 단수 현재형: forges / 과거형: forged 과거 분사형: forged / -ing형: forging 명사형: forge(대장간, 용광로), forger(위조자, 대장장이), forgery(위조, 모조품) / 형용사형: forgeable(지어낼 수 있는)

The East Asian Summit aims to _forge_ a strong community.

≫ 동아시아 정상회의는 강력한 공동체 구축을 목표로 한다.

The safety certificates of some of the reactors' cables were _forged_.

≫ 일부 원자로 케이블의 안전보증서가 위조되었다.

The company is _forging_ ahead with its plans for expansion.

≫ 그 회사는 확장 계획에 빠른 진전을 보이고 있다.

Forgery of resident registration cards has become a serious issue.

» 주민등록증 위조는 심각한 쟁점이 되었다.

:: forget

의 미	㉧ ㉨ 잊다, 깜빡 잊고 오다, 무시하다
형 태	3인칭 단수 현재형: forgets / 과거형: forgot 과거 분사형: forgotten / —ing형: forgetting 명사형: forgetfulness(건망증) 형용사형: forgetful(잘 잊어 먹는), forgettable(쉽게 잊혀질)

I'll never forget hearing this music for the first time.

» 나는 이 음악을 처음 들었던 때를 결코 잊지 못할 것이다.

I forgot my purse.

» 나는 깜빡 잊고 지갑을 안 가져 왔다.

Forget the details and take a look at a big picture.

» 세부적인 것들은 무시하고, 전체 그림을 살펴보세요.

Forgetfulness can be a serious problem for some people.

» 건망증은 어떤 사람들에게는 심각한 문제가 될 수 있다.

:: forgive

의 미	㉧ 용서하다, 양해하다, …해서 죄송하다
형 태	3인칭 단수 현재형: forgives / 과거형: forgave 과거 분사형: forgiven / −ing형: forgiving 명사형: forgiveness(용서), forgiver(용서하는 사람) 형용사형: forgivable(용서할 수 있는), forgiving(너그러운)

It's not easy to <u>forgive</u> someone.

≫ 누군가를 용서하는 일은 쉽지 않다.

<u>Forgive</u> me for interrupting, but I can't agree with that.

≫ 말씀 중에 끼어들어서 죄송합니다만, 저는 그 말씀에 동의할 수 없습니다.

Research shows that <u>forgiveness</u> is helpful to your physical and mental health.

≫ 연구에 따르면, 용서가 당신의 신체적, 정신적 건강에 도움이 된다고 한다.

Such a mistake is <u>forgivable</u> in the circumstances.

≫ 상황으로 보아, 그와 같은 실수는 용서할 수 있는 것이다.

:: fork

의 미	㉞ 도로나 강이 갈라지다, 나뉘다, 갈림길에서 왼쪽이나 오른쪽으로 가다
형 태	3인칭 단수 현재형: forks / 과거형: forked 과거 분사형: forked / −ing형: forking 명사형: fork(포크, 갈퀴, 분기점, 갈래), forkful(포크로 한번 집은 양) 형용사형: forked(갈라진)

The path <u>forks</u> at the bottom of the hill.

» 그 오솔길은 산기슭에서 둘로 갈라진다.

<u>Fork</u> right after the bridge.

» 다리를 지나, 갈림길에서 오른쪽으로 가세요.

Eat with your <u>fork</u> and spoon.

» 포크와 숟가락을 사용하여 드세요.

These birds have short legs and long <u>forked</u> tails.

» 이 새들은 짧은 다리와 두 갈래로 갈라진 긴 꼬리를 지니고 있다.

:: form

의 미	⊕ ⓩ 형성하다, 구성하다, 만들다, 이루다
형 태	3인칭 단수 현재형: forms / 과거형: formed 과거 분사형: formed / -ing형: forming 명사형: form(종류, 방식, 수단, 서식), formation(형성) 형용사형: formal(격식을 차린, 정중한, 공식적인)

These hills were <u>formed</u> by glaciation.

» 이 산들은 빙하작용으로 형성되었다.

Sports are great tools for <u>forming</u> an individual's character.

» 스포츠는 개인의 성격을 형성하는 데 훌륭한 도구이다.

People often take taxis because it is a convenient <u>form</u> of transportation.

» 택시가 편리한 교통수단이기 때문에, 사람들은 자주 택시를 탄다.

<u>Formal</u> diplomatic relations between the two countries will be re-established soon.

≫ 그 두 나라간의 공식적인 외교관계가 곧 재정립될 것이다.

:: formulate

의 미	(타) 공식화하다, 확립하다, 고안하다, 만들다, 체계적으로 표현하다
형 태	3인칭 단수 현재형: formulates / 과거형: formulated 과거 분사형: formulated / –ing형: formulating 명사형: formula(공식, 방식, 처방), formulation(공식화) 형용사형: formulaic(판에 박힌, 정형화된)

Einstein <u>formulated</u> the theory in 1915.

≫ 아인슈타인은 그 이론을 1915년에 정립했다.

This new kitchen cleaner is <u>formulated</u> to cut through grease and dirt.

≫ 이 새로운 주방 세제는 기름기와 때를 없애기 위해 만들어졌다.

I didn't understand why I had to learn those difficult <u>formulas</u>.

≫ 나는 왜 내가 그 어려운 공식들을 공부해야 하는지를 이해할 수 없었다.

Traditional stories make use of <u>formulaic</u> expressions like 'Once upon a time ….'

≫ 전통적인 이야기들은 '옛날 옛적에 …'라는 판에 박힌 표현들을 사용한다.

:: forsake

의 미	㉤ 저버리다, 버리고 떠나다, 배반하다, 그만두다
형 태	3인칭 단수 현재형: forsakes / 과거형: forsook 과거 분사형: forsaken / –ing형: forsaking 명사형: forsaker(저버리는 사람, 그만두는 사람) 형용사형: forsaken(버림받은, 포기된, 쓸쓸한)

He forsook his homeland and emigrated to a new country.

≫ 그는 고국을 저버리고, 새로운 나라로 이민을 떠났다.

She forsook the glamour of the city and lived in the wilds of the country.

≫ 그녀는 도시의 화려함을 버리고, 시골의 자연 속에서 살았다.

He has forsaken his bad habits.

≫ 그는 나쁜 습관들을 버렸다.

The house and garden had a forsaken appearance.

≫ 그 집과 정원은 쓸쓸한 모습을 지니고 있었다.

:: fortify

의 미	㉤ ㉰ 방어를 강화하다, 보강하다, 뒷받침하다, 기운을 북돋우다
형 태	3인칭 단수 현재형: fortifies / 과거형: fortified 과거 분사형: fortified / –ing형: fortifying 명사형: fortification(강화), fortifier(강화하는 사람이나 물건, 강화제) 형용사형: fortified(강화된)

This area is <u>fortified</u> with walls that kept out of pirates.

» 이 지역은 해적들이 접근하지 못하게 하는 벽들로 방어가 강화되어 있다.

They <u>fortified</u> the ship with additional timbers.

» 그들은 추가로 목재를 덧대어 그 배를 보강했다.

He <u>fortified</u> his argument with statistics.

» 그는 통계로써 그의 주장을 뒷받침했다.

You can purchase <u>fortified</u> milk with vitamins at a lot of supermarkets.

» 당신은 비타민이 강화된 우유를 많은 슈퍼마켓들에서 구입할 수 있다.

:: forward

의 미	㉣ 보내다, 전달하다, 향상시키다
형 태	3인칭 단수 현재형: forwards / 과거형: forwarded 과거 분사형: forwarded / –ing형: forwarding 명사형: forward(전위 선수) 형용사형: forward(앞으로 향한, 앞쪽의, 앞선)

Please <u>forward</u> my mail to my new address.

» 내 우편물을 새 주소로 전송해 주세요.

I put 'please <u>forward</u>' on the envelope.

» 나는 그 봉투에 '회송 바람'이라고 썼다.

Lionel Messi is Argentina's top <u>forward</u>.

» 리오넬 메시는 아르헨티나 최고의 포워드 선수이다.

A little <u>forward</u> planning can be more effective.

» 조금 더 앞서 계획을 세우는 것이 훨씬 더 효과적일 수 있다.

:: foster

의 미	㉲ 조성하다, 육성하다, 아이를 맡아 기르다
형 태	3인칭 단수 현재형: fosters / 과거형: fostered 과거 분사형: fostered / –ing형: fostering 명사형: fosterer(양부모, 육성하는 사람), fosterage(육성, 양육) 형용사형: foster(수양 관계의)

Researchers say that texting is <u>fostering</u> bad grammar and spelling.

» 연구원들은 문자 메시지가 엉터리 문법과 철자법을 조성한다고 말한다.

Many people say 'the affection to <u>foster</u> is stronger than the affection to give birth.'

» 많은 사람들은 '기른 정이 낳은 정보다 더 강하다.'라고 말한다.

They couldn't adopt a child, so they decided to <u>foster</u>.

» 그들은 아이를 입양할 수 없어서, 수양부모가 되기로 결심했다.

Throughout her life, she volunteered to be a <u>foster</u> parent.

» 평생 동안, 그녀는 자원봉사로 수양부모 역할을 해왔다.

:: foul

의 미	㉤ 반칙을 범하다, 더럽히다, 엉키다
형 태	3인칭 단수 현재형: fouls / 과거형: fouled 과거 분사형: fouled / −ing형: fouling / 명사형: foul(반칙) 형용사형: foul(더러운, 역겨운, 천박한, 날씨가 사나운)

He was <u>fouled</u> inside the penalty area.

≫ 그는 페널티 구역에서 반칙을 당했다.

The whole river was <u>fouled</u> up with oil.

≫ 강 전체가 기름으로 더럽혀져 있었다.

He got a red card for his malicious <u>foul</u>.

≫ 그는 악의적인 반칙 때문에 레드카드를 받았다.

Do not use <u>foul</u> language.

≫ 욕설은 사용하지 마세요.

:: found

의 미	㉤ 설립하다, …에 근거를 두다, …에 기반을 두다
형 태	3인칭 단수 현재형: founds / 과거형: founded 과거 분사형: founded / −ing형: founding 명사형: foundation(기초, 재단), founder(설립자) 형용사형: foundational(기초적인, 근본적인)

They want to <u>found</u> a non-profit organization that builds schools for children in the developing country.

» 그들은 개발도상국 아이들에게 학교를 지어주는 비영리 단체를 설립하기를 원한다.

His claim was <u>founded</u> on fact.

» 그의 주장은 사실에 근거를 두고 있었다.

Running is a <u>foundation</u> of all the sports.

» 달리기는 모든 운동의 기초이다.

Play is <u>foundational</u> for bonding relationships and fostering tolerance.

» 놀이란 긴밀한 관계를 형성하고, 인내심을 기르는 데 근본적인 것이다.

:: fracture

의 미	㉺ 골절되게 하다, 균열시키다, 분열시키다 ㉪ 골절되다, 분열되다
형 태	3인칭 단수 현재형: fractures / 과거형: fractured 과거 분사형: fractured / -ing형: fracturing 명사형: fracture(골절, 균열, 금) 형용사형: fractured(골절된, 분열된, 금이 간)

He <u>fractured</u> his ankle and needed treatment.

» 그는 발목이 골절되어 치료가 필요했다.

Post-modern Europe is being increasingly <u>fractured</u> into small nations.

» 탈 근대화의 유럽은 점차 소규모 국가들로 쪼개지고 있는 중이다.

Rickets softens the bones, which can lead to **fractures** or deformity.

》 구루병은 뼈를 약화시키므로, 이는 골절이나 변형을 일으키게 할 수 있다.

Patch up a **fractured** friendship without further delay.

》 더 이상 지체하지 말고, 금간 우정을 수습하세요.

:: fragment

의 미	㉣ 산산이 부수다, 해체하다 ㉧ 산산이 부서지다, 분열되다
형 태	3인칭 단수 현재형: fragments / 과거형: fragmented 과거 분사형: fragmented / –ing형: fragmenting 명사형: fragment(파편, 조각, 단편) / 형용사형: fragmentary(단편적인)

If you drop it, it will **fragment** into small pieces.

》 만약에 당신이 그것을 떨어뜨리면, 그것은 작은 조각들로 산산이 부서질 것이다.

With no clear-cut political heir, Palestinians may **fragment** under local leaders.

》 뚜렷한 정치 후계자가 없는 팔레스타인들은 지역 지도자 체제하에서 분열될 수 있다.

The explosion was so large that **fragments** of buildings were found a mile away.

》 그 폭발은 너무 커서, 건물 파편들이 1마일 떨어진 곳에서도 발견되었다.

The policy is too **fragmentary** and demonstrative rather than providing substantive help.

》 그 정책은 실질적인 도움을 제공하기 보다는, 너무 단편적이고 전시용이다.

:: frame

의 미	㉭ 틀에 넣다, 특정한 방식으로 표현하다
형 태	3인칭 단수 현재형: frames / 과거형: framed 과거 분사형: framed / –ing형: framing 명사형: frame(틀, 구조, 테두리) / 형용사형: framed(틀에 끼운), framable(짜 맞출 수 있는), frameless(틀이 없는)

The photograph had been <u>framed</u>.

≫ 그 사진은 액자에 넣어져 있었다.

We should <u>frame</u> it as a challenge of hope.

≫ 우리는 그것을 희망의 도전이라는 틀로 구성해야 한다.

It should be interpreted in the <u>frame</u> of its social context.

≫ 그것은 그것이 처한 사회적 맥락의 틀 속에서 해석되어야 한다.

<u>Frameless</u> glasses have no frame around the lenses and the stems are attached directly to the lenses.

≫ 무테안경은 렌즈 둘레에 테가 없으므로, 안경다리는 렌즈에 직접 부착된다.

:: free

의 미	㉭ 자유롭게 하다, 해방시키다, 없애다
형 태	3인칭 단수 현재형: frees / 과거형: freed 과거 분사형: freed / –ing형: freeing 명사형: freedom(자유), freeness(자유로운 것, 느긋함) 형용사형: free(자유로운, 무료의, 한가한)

These bags are functional to __free__ your hands while carrying them.

>> 이러한 가방들은 메고 다니는 동안 당신의 손을 자유롭게 해주므로 실용적이다.

These exercises help to __free__ the body of tension.

>> 이 운동들은 몸에서 긴장을 없애는 데 도움이 된다.

Individual __freedoms__ must be respected and recognized.

>> 개인의 자유는 반드시 존중되어야 하고 인정되어야 한다.

If they have a lot of __free__ time, they will also play a lot of computer games.

>> 만약에 그들에게 자유시간이 많다면, 그들은 또한 컴퓨터 게임도 많이 할 것이다.

:: freeze

의 미	㉣ 얼리다, 동결시키다 ㉠ 얼다, 기온이 영하다
형 태	3인칭 단수 현재형: freezes / 과거형: froze 과거 분사형: frozen / −ing형: freezing 명사형: freezer(냉동고) 형용사형: freezing(꽁꽁 얼게 추운), frozen(얼어붙은, 냉동된)

Water __freezes__ at 0℃.

>> 물은 섭씨 0°에서 언다.

Salaries have been __frozen__ for the current year.

>> 올해에 월급이 동결되었다.

Freeze the meat at the freezer.

>> 그 고기는 냉동고에 넣어 얼리세요.

It's absolutely freezing outside.

>> 바깥 날씨가 완전히 꽁꽁 얼어붙게 할 정도로 춥다.

:: freight

의 미	㉑ 화물을 운송하다, 화물을 적재하다, 특정한 어조를 싣다
형 태	3인칭 단수 현재형: freights / 과거형: freighted 과거 분사형: freighted / –ing형: freighting 명사형: freight(화물, 화물운송) 형용사형: freightless(운송 화물이 없는)

They will freight goods to North Korea.

>> 그들은 북한으로 물품을 운송할 것이다.

The ship was freighted with coal.

>> 그 배에는 석탄이 적재되어 있다.

Each word was freighted with anger.

>> 말 한마디 한마디에 분노가 실려 있었다.

Our company usually send goods by air freight.

>> 우리 회사는 보통 항공 화물로 물품을 보낸다.

:: frighten

의 미	ⓣ 겁먹게 만들다, 놀라게 만들다
형 태	3인칭 단수 현재형: frightens / 과거형: frightened 과거 분사형: frightened / −ing형: frightening 명사형: fright(놀람, 놀라운 일) 형용사형: frightened(겁먹은), frightening(무서운)

They <u>frightened</u> him into telling them what happened.

» 그들은 그에게 겁을 주어 무슨 일이 있었는지를 말하게 했다.

The alarm <u>frightened</u> the thief away.

» 그 경보음은 도둑을 놀라게 만들어 도망가게 했다.

The birds took <u>fright</u> and flew off.

» 새들은 놀라서 날아가 버렸다.

It was a very <u>frightening</u> experience.

» 그것은 매우 무시무시한 경험이었다.

:: front

의 미	ⓣ 어떤 방향으로 향하다, 앞면이 …로 되어있다
형 태	3인칭 단수 현재형: fronts / 과거형: fronted 과거 분사형: fronted / −ing형: fronting 명사형: front(앞쪽, 일선, 전선), frontage(정면, 인접지) 형용사형: front(앞쪽의), frontal(정면의, 앞면의)

The hotel fronts the Haewundae Beach.

》 그 호텔은 해운대 해변 쪽을 향하고 있다.

The building was fronted with bricks.

》 그 건물의 앞면은 벽돌로 이루어져 있었다.

The rain front will not stay long on the Korean Peninsula.

》 장마 전선은 한반도에 오래 머물지 않을 것이다.

The front face of the building has a very distinctive design.

》 그 건물의 앞면은 아주 독특한 디자인을 지니고 있다.

:: frown

의 미	타 자 얼굴을 찌푸리다, 못마땅해 하다
형 태	3인칭 단수 현재형: frowns / 과거형: frowned 과거 분사형: frowned / –ing형: frowning 명사형: frown(찌푸림) / 형용사형: frowning(얼굴을 찌푸린, 불쾌한)

When he said hello to her, she frowned at him.

》 그가 그녀에게 인사했을 때, 그녀는 그를 보며 얼굴을 찌푸렸다.

Some cultures frown on overt display of feeling.

》 어떤 사회에서는 노골적인 감정 표현에 대해 눈살을 찌푸린다.

Working overtime is frowned upon as the jobless rate has become serious.

》 실업률이 점차 심각해짐에 따라, 초과근무는 못마땅한 것으로 여겨지고 있다.

Don't walk around with a <u>frown</u> on your face.

» 얼굴 인상을 찌푸리고 지내지 마세요.

:: frustrate

의 미	㉴ 좌절시키다, 실망시키다, 망치다 ㉠ 좌절하다, 실망하다
형 태	3인칭 단수 현재형: frustrates / 과거형: frustrated 과거 분사형: frustrated / –ing형: frustrating 명사형: frustration(좌절) / 형용사형: frustrated(좌절된), frustrating (좌절감을 주는), frustrative(실망시키는)

The rescue attempt was <u>frustrated</u> by bad weather.

» 그 구조 시도는 악천후 때문에 좌절되었다.

The marketing division was <u>frustrated</u> to see their market share dropping.

» 마케팅 부서는 그들의 시장 점유율이 떨어지는 것을 보고 실망했다.

A suicide-ridden society is a sick society imbued with fear, <u>frustration</u> and anger.

» 자살이 팽배한 사회는 공포, 좌절, 그리고 분노로 물든 병든 사회라 할 수 있다.

The most <u>frustrating</u> fact is that such crimes are consistently happening.

» 가장 좌절감을 주는 사실은 그와 같은 범죄들이 끊임없이 일어나고 있다는 점이다.

:: fry

의 미	㉯ 기름에 굽다, 튀기다, 부치다
형 태	3인칭 단수 현재형: fries / 과거형: fried 과거 분사형: fried / -ing형: frying 명사형: fries(감자튀김), fryer(튀김 냄비), frying(튀김) 형용사형: fried(기름에 튀긴, 프라이 된)

She <u>fried</u> bacon and egg for me.

» 그녀는 나에게 베이컨과 계란을 부쳐주었다.

She made doughnuts in various shapes and <u>fried</u> them.

» 그녀는 다양한 모양으로 도넛을 만들어 튀겼다.

Oily fingers from eating potato chips and <u>fries</u> can attract bacteria.

» 감자 칩이나 튀김을 먹어서 기름기가 묻어 있는 손가락은 박테리아를 끌어 들일 수 있다.

French <u>fries</u> refer to elongated pieces of <u>fried</u> potatoes.

» 프렌치 프라이즈는 손가락 모양으로 길게 썬 감자튀김을 가리킨다.

:: fuel

의 미	㉣ ㉯ 연료를 공급하다, 부채질하다(기름을 끼얹는 격이 되다)
형 태	3인칭 단수 현재형: fuels / 과거형: fueled, fuelled 과거 분사형: fueled, fuelled / -ing형: fueling, fuelling 명사형: fuel(연료) / 형용사형: fueled(준비된, 흥분한)

Uranium is used to <u>fuel</u> nuclear plants.

≫ 우라늄은 핵발전소에 연료를 공급하는 데 사용된다.

Terrorism is often <u>fueled</u> by a historic culture of hatred and distrust.

≫ 테러리즘은 흔히 증오와 불신의 역사적 문화에 의해 야기된다.

One quarter of grain grown in the USA ends up as bio-<u>fuels</u>.

≫ 미국에서 자란 곡물의 4분의 1은 결국 생물연료가 된다.

A bike is an eco-friendly vehicle because no <u>fuel</u> is needed.

≫ 자전거는 연료가 필요 없기 때문에 환경 친화적인 운송수단이다.

:: fulfill

의 미	㉤ 임무를 수행하다, 약속을 실행하다, 조건을 충족시키다, 성취하다
형 태	3인칭 단수 현재형: fulfills / 과거형: fulfilled 과거 분사형: fulfilled / –ing형: fulfilling 명사형: fulfillment(성취, 실행) 형용사형: fulfilled(성취감을 느끼는), fulfilling(성취감을 주는)

No candidates <u>fulfills</u> all the criteria for this position.

≫ 어떤 후보들도 이 지위에 맞는 모든 기준을 충족시키지 못한다.

Schools should provide programs that may <u>fulfill</u> students' various demands.

≫ 학교들은 학생들의 다양한 요구를 충족시킬 수 있는 프로그램들을 제공해
야 한다.

Good relationships are important to a sense of happiness and <u>fulfillment</u>.

≫ 좋은 관계들이 행복감과 성취감을 느끼는 데 중요한 역할을 한다.

He didn't feel <u>fulfilled</u> in his previous job.
» 그는 이전 직장에서 성취감을 느끼지 못했다.

:: function

의 미	㉜ 제대로 기능하다, 작용하다, …의 역할을 하다
형 태	3인칭 단수 현재형: functions / 과거형: functioned 과거 분사형: functioned / −ing형: functioning 명사형: function(기능, 행사, 함수) / 형용사형: functional(기능적인)

This machine is not <u>functioning</u> properly.
» 이 기계는 정상적으로 작동하지 않고 있다.

This sofa can also <u>function</u> as a bed.
» 이 소파는 또한 침대 역할도 한다.

Aging is not necessarily associated with a significant loss in cognitive
<u>function</u>.
» 노화는 인지 기능의 현저한 손상과 반드시 연관되어 있지는 않다.

Simple yet <u>functional</u> products will be more popular than fancy luxury
products.
» 단순하지만 기능적인 제품들이 화려한 사치품들 보다 더 인기가 많을 것이다.

:: furnish

의 미	㉩ 가구를 비치하다, 제공하다, 공급하다, 갖추다
형 태	3인칭 단수 현재형: furnishes / 과거형: furnished 과거 분사형: furnished / –ing형: furnishing 명사형: furnishings(가구, 비품) / 형용사형: furnished(가구가 비치된)

The room was <u>furnished</u> with antiques.

>> 그 방에는 고가구들이 비치되어 있었다.

The atomic nucleus <u>furnishes</u> enormous energy.

>> 원자핵은 막대한 에너지를 공급한다.

Remodeling their home last year, they purchased up-to-date appliances and <u>furnishings</u>.

>> 작년에 그들이 집을 개조할 때, 그들은 최신 가전제품들과 가구들을 구입했다.

It's a fully-<u>furnished</u> studio apartment.

>> 그것은 가구가 완비된 원룸 아파트이다.

:: fuse

의 미	㉩ 녹이다, 융합시키다, 결합시키다 ㉨ 녹다, 융합하다
형 태	3인칭 단수 현재형: fuses / 과거형: fused 과거 분사형: fused / –ing형: fusing 명사형: fuse(전기 퓨즈, 도화선), fusion(융합, 결합, 퓨전 음식, 퓨전 음악) / 형용사형: fusible(잘 녹는, 가용성의)

Atoms of hydrogen are **fused** to make helium.

>> 수소 원자들이 합쳐져서 헬륨을 만든다.

Such culture will **fuse** into our society within due time.

>> 그러한 문화는 머지않아 우리 사회로 융화될 것이다.

Check whether a **fuse** is blown.

>> 퓨즈가 나갔는지 확인해 보세요.

He opened the **fusion** restaurant in Seoul last year.

>> 그는 작년에 서울에서 퓨전 레스토랑을 열었다.

G

G

02 ::

gabble, gain, gallop, gamble, g...... gas, gasp, gather, gauge, gaze, gear, ... alize, generate, germinate, gestu...... t, giggle, give, glance, glare, glaze ...... n, glide, glimpse, glisten, glitter, glorify, ... glue, go, govern, grab, grade ...... ate, grant, grasp, gratify, graze, grease, gr...... e, grill, grin, grind, grip ...... groom, ground, group, grow, grub, grudge, grum...... ...... rant...... ss, guide, gulp, gum, gurgle, gut

:: gabble

의 미	冠 困 빠르게 말하다, 재잘거리다, 지껄이다
형 태	3인칭 단수 현재형: gabbles / 과거형: gabbled 과거 분사형: gabbled / –ing형: gabbling 명사형: gabble(빨라서 알아들을 수 없는 지껄임), gabbler(수다쟁이)

He was <u>gabbling</u> nonsense.

≫ 그는 허튼소리를 지껄여대고 있었다.

She <u>gabbled</u> out the story over and over.

≫ 그녀는 반복해서 계속 그 이야기를 지껄여댔다.

They <u>gabbled</u> away about nothing.

≫ 그들은 시시한 잡담을 지껄여댔다.

Could you understand that <u>gabble</u>?

≫ 당신은 너무 빨라서 알아들을 수 없는 그 지껄임을 이해할 수 있습니까?

:: gain

의 미	冠 困 얻다, 획득하다, 증가하다, 쌓다, 시계가 빨리 가다
형 태	3인칭 단수 현재형: gains / 과거형: gained 과거 분사형: gained / –ing형: gaining 명사형: gain(이익), gainer(획득자, 이득자, 승리자) 형용사형: gainable(얻을 수 있는, 달할 수 있는), gainful(돈벌이가 되는)

She __gained__ world-wide recognition thanks to the popularity of the song.

» 그녀는 그 노래의 인기 덕택에 전 세계적으로 인정을 받았다.

Fast foods are delicious, but they can make you __gain__ weight.

» 패스트푸드는 맛있지만, 그것들은 당신을 살찌게 할 수도 있다.

That clock __gains__ several minutes a month.

» 그 시계는 한 달에 몇 분정도씩 빨리 간다.

No pain, no __gain__.

» 고통 없이는 얻는 게 없다.

:: gallop

의 미	타 자 말이 전속력으로 달리다, 질주하다, 치솟다
형 태	3인칭 단수 현재형: gallops / 과거형: galloped 과거 분사형: galloped / –ing형: galloping 명사형: gallop(전속력), galloper(질주하는 말) 형용사형: galloping(질주하는, 급속히 진행되는, 급증하는)

The horses __galloped__ away.

» 그 말들은 질주해 갔다.

They trotted for a while, and finally __galloped__ at full speed.

» 그들은 잠시 동안 빠른 걸음으로 걷다가, 마침내 전속력으로 질주했다.

The horses ran off at full __gallop__.

» 그 말들은 전속력으로 질주했다.

For wage earners, the crawling income gains could hardly catch up with <u>galloping</u> expenses.

》 봉급생활자들에겐, 느린 소득 이익은 질주하는 지출비용을 좀처럼 따라잡을 수가 없다.

:: gamble

의 미	〔타〕〔자〕 돈을 걸다, 도박을 하다, 요행을 바라고 …을 걸다, 모험을 하다
형 태	3인칭 단수 현재형: gambles / 과거형: gambled 과거 분사형: gambled / –ing형: gambling 명사형: gamble(도박, 모험), gambling(도박), gambler(도박꾼) 형용사형: gamblesome(도박을 즐기는)

People's lives are not something to be <u>gambled</u> with.

》 사람의 생명은 모험을 걸 수 있는 대상이 아니다.

It's really unwise to <u>gamble</u> on games of chance.

》 운에 달려있는 게임에 돈을 거는 것은 정말 어리석은 짓이다.

There is no way to effectively ban <u>gambling</u>.

》 도박을 효과적으로 금지할 방법이 없다.

All <u>gamblers</u> know that there is a high probability of losing.

》 모든 도박꾼들은 돈을 잃을 가능성이 매우 높다는 것을 알고 있다.

:: garnish

의 미	団 장식하다, 꾸미다, 곁들이다
형 태	3인칭 단수 현재형: garnishes / 과거형: garnished 과거 분사형: garnished / –ing형: garnishing 명사형: garnish(장식, 꾸밈, 곁들임, 요리의 고명), garnishment(장식) 형용사형: garnished(장식을 한)

She <u>garnished</u> the fish dish with orange wedges and parsley.

>> 그녀는 생선 요리를 오렌지 조각과 파슬리로 장식했다.

The dish was <u>garnished</u> with egg strips and pine nuts.

>> 그 요리에는 계란 지단채와 잣이 고명으로 장식된다.

The chef added <u>garnish</u> to his pork chops to make it more appealing.

>> 그 요리사는 돼지갈비가 더 먹음직스럽게 보이도록 고명을 얹었다.

In Japanese restaurants they usually serve raw fish <u>garnished</u> with lemon slices.

>> 일식당에서는 생선회 요리를 낼 때 대개 레몬 조각을 장식으로 곁들인다.

:: gas

의 미	団 독가스로 질식시키다 @ 허튼 소리로 허풍떨다
형 태	3인칭 단수 현재형: gases / 과거형: gassed 과거 분사형: gassed / –ing형: gassing 명사형: gas(가스, 기체, 휘발유) 형용사형: gaseous(기체의, 가스의)

What are you <u>gassing</u> about?

➤➤ 당신은 무슨 그런 허튼 소리를 하고 있습니까?

Air is a mixture of <u>gases</u>.

➤➤ 공기는 기체들의 혼합체이다.

Animal waste releases harmful greenhouse <u>gases</u>, such as methane and nitrous oxide.

➤➤ 가축 배설물은 메탄과 아산화질소와 같은 해로운 온실 가스를 배출한다.

In nature, it exists in liquid, solid or <u>gaseous</u> states.

➤➤ 자연에서 그것은 액체, 고체 또는 기체 상태로 존재한다.

:: gasp

의 미	㉫ ㉠ 숨이 차다, 헐떡거리다, 숨을 헐떡거리며 말하다
형 태	3인칭 단수 현재형: gasps / 과거형: gasped 과거 분사형: gasped / –ing형: gasping 명사형: gasp(헐떡거림), gasper(헐떡거리는 사람) 형용사형: gasping(헐떡거리는)

He <u>gasped</u> for breath.

➤➤ 그는 숨이 차서 헐떡거렸다.

A session of squash will leave you burned out and <u>gasping</u> for breath.

➤➤ 스쿼시를 한 게임 치고 나면, 당신은 지치고 숨이 차서 헐떡거릴 것이다.

She managed to <u>gasp</u> out her name.

➤➤ 그녀는 간신히 자신의 이름을 헐떡이며 말했다.

He gave a startled gasp.

≫ 그는 놀라서 숨을 헐떡거렸다.

:: gather

의 미	㉺ 모으다, 수집하다, 증가시키다, 추측하다 ㉙ 모이다, 늘다
형 태	3인칭 단수 현재형: gathers / 과거형: gathered 과거 분사형: gathered / -ing형: gathering 명사형: gather(모인 것), gathering(모임) 형용사형: gatherable(모을 수 있는)

On Christmas day, families gather together and eat delicious food.

≫ 크리스마스 날에는, 가족들이 함께 모여서 맛있는 음식을 먹는다.

A lot of people gathered to celebrate the annual festival.

≫ 많은 사람들이 해마다 열리는 그 축제를 즐기기 위해 모여들었다.

I gathered from his expression that he was very angry.

≫ 나는 그의 표정으로부터 그가 매우 화가 나 있다고 추측했다.

We need a huge house to have a large family gathering.

≫ 우리는 대가족모임을 하기 위해서 커다란 집이 필요하다.

:: gauge

의 미	㉺ 판단하다, 알아내다, 측정하다, 표시하다, 나타내다, 추정하다
형 태	3인칭 단수 현재형: gauges / 과거형: gauged 과거 분사형: gauged / −ing형: gauging 명사형: gauge(게이지, 측정기, 판단의 기준) 형용사형: gaugeable(측정할 수 있는)

It is very difficult to **gauge** public reaction to this policy.

≫ 이 정책에 대한 대중의 반응을 판단하는 것은 매우 어렵다.

We can not **gauge** the full effects computer viruses may have.

≫ 우리는 컴퓨터 바이러스가 끼치는 모든 영향을 다 측정할 수 없다.

It is difficult to **gauge** the positive effects numerically.

≫ 긍정적인 효과를 숫자로 나타내기란 어렵다.

In 1441, Young-sil Jang invented the world's first water **gauge**.

≫ 1441년에 장영실은 세계 최초로 수량계를 발명했다.

:: gaze

의 미	㉧ 가만히 바라보다, 응시하다, 주시하다
형 태	3인칭 단수 현재형: gazes / 과거형: gazed 과거 분사형: gazed / −ing형: gazing 명사형: gaze(응시, 시선, 눈길), gazer(응시하는 사람, 주시하는 사람)

She <u>gazed</u> at me for a moment and sighed deeply.

>> 그녀는 잠깐 동안 나를 바라보다가 깊은 한숨을 쉬었다.

Most people <u>gaze</u> into mirrors many times a day.

>> 대부분의 사람들은 하루에 여러 번씩 거울을 들여다본다.

During the night, <u>gaze</u> at the stars in the sky and it looks as if the stars were falling upon you.

>> 밤 동안에 하늘의 별들을 바라보면, 마치 별들이 머리 위로 떨어지는 것 같다.

She felt embarrassed under his <u>gaze</u>.

>> 그녀는 그의 시선 때문에 당황함을 느꼈다.

:: gear

의미	囲 기어를 넣다, 적응시키다, 요구에 맞게 조정되다
형태	3인칭 단수 현재형: gears / 과거형: geared 과거 분사형: geared / -ing형: gearing 명사형: gear(기어, 장비, 의류) / 형용사형: gearless(기어가 없는)

The motorcar was <u>geared</u> up.

>> 그 자동차에 고속 기어가 넣어졌다.

We had to <u>gear</u> our lives to the new circumstances.

>> 우리는 새로운 환경에 우리의 생활을 적응시켜야 했다.

We must <u>gear</u> production to the new demand.

>> 우리는 새로운 수요에 맞춰 생산을 조정해야 한다.

It is necessary to wear a helmet and protective <u>gear</u> for safety.

≫ 안전을 위해서 헬멧과 보호 장비를 착용할 필요가 있다.

:: generalize

의 미	㉺ ㉴ 일반화하다, 보편화하다, 보급하다
형 태	3인칭 단수 현재형: generalizes / 과거형: generalized 과거 분사형: generalized / –ing형: generalizing 명사형: generalization(일반화) 형용사형: general(일반적인), generalizable(일반화할 수 있는)

It is far too risky to <u>generalize</u> from a single example.

≫ 한 가지 사례로부터 일반화한다는 것은 너무 위험하다.

It's impossible to <u>generalize</u> about such a complicated subject.

≫ 이와 같이 복잡한 주제에 대해 일반화하는 것은 불가능하다.

Try to avoid a hasty <u>generalization</u>.

≫ 성급한 속단은 하지 않도록 하세요.

In <u>general</u> globalization has a strong impact on the economy and world peace.

≫ 일반적으로 세계화는 경제와 세계 평화에 강한 영향을 미친다.

:: generate

의 미	㉑ 발생시키다, 창출하다, 만들어내다, 초래하다
형 태	3인칭 단수 현재형: generates / 과거형: generated 과거 분사형: generated / −ing형: generating 명사형: generator(발전기), generation(세대) 형용사형: generate(발생의)

Several fruits or vegetables can really __generate__ electricity.
≫ 몇몇 과일이나 채소는 실제로 전기를 발생시킬 수 있다.

Advertizing is an industry __generating__ billions of dollars around the world every year.
≫ 광고는 매년 전 세계적으로 수십억 달러를 창출하는 산업이다.

A series of scandals __generated__ public distrust in politics.
≫ 일련의 스캔들은 대중들의 정치 불신을 초래했다.

We need to find ways to create a better world for future __generations__.
≫ 우리는 미래 세대들을 위해 더 나은 세상을 만들 방법을 찾아야 한다.

:: germinate

의 미	㉑ 싹트게 하다, 성장시키다, 발생시키다 ㉔ 싹트다, 성장하다
형 태	3인칭 단수 현재형: germinates / 과거형: germinated 과거 분사형: germinated / −ing형: germinating 명사형: germination(발아, 성장 시작) 형용사형: germinant(싹트는), germinative(싹트는)

Water and oxygen are required for seeds to <u>germinate</u>.

≫ 씨앗들이 싹트기 위해서는 물과 산소가 필요하다.

An idea of a book began to <u>germinate</u> in her mind.

≫ 그녀의 마음속에 책에 대한 구상이 싹트기 시작했다.

The message of the Buddha <u>germinated</u> in India and then spread to the rest of Asia.

≫ 부처의 메시지는 인도에서 시작하여 아시아의 나머지 지역으로 전파되었다.

With a bit of basal heat, you can encourage <u>germination</u>.

≫ 약간의 기초 열을 이용하여, 당신은 발아를 촉진시킬 수 있다.

:: gesture

의 미	㉤ ㉿ 몸짓이나 손짓으로 나타내다, 표현하다, 지시하다
형 태	3인칭 단수 현재형: gestures / 과거형: gestured 과거 분사형: gestured / –ing형: gesturing 명사형: gesture(제스처, 몸짓, 손짓, 표시), gesturer(손짓으로 가리키는 사람) / 형용사형: gestural(몸짓의)

The driver <u>gestured</u> him in.

≫ 그 운전사는 그에게 타라고 손짓했다.

He <u>gestured</u> that we should follow.

≫ 그는 우리에게 따라오라고 손짓했다.

We can communicate a lot through body <u>gestures</u> or facial expressions.

≫ 우리는 몸짓이나 얼굴 표정을 통해 많은 것들을 전달할 수 있다.

They sent some flowers as a **gesture** of sympathy.

≫ 그들은 위로의 표시로 꽃을 보냈다.

:: get

의 미	㉺ 얻다, 받다, 입수하다, 이해하다 ㉞ 이르다, …가 되다
형 태	3인칭 단수 현재형: gets / 과거형: got 과거 분사형: gotten, got / -ing형: getting 명사형: get(이익), getter(얻는 사람) 형용사형: gettable(손에 넣을 수 있는)

I **got** an email from her this morning.

≫ 나는 오늘 아침에 그녀로부터 이메일을 한통 받았다.

They **get** information from reliable sources.

≫ 그들은 믿을 만한 소식통으로부터 소식을 입수한다.

He **got** home at 11 yesterday.

≫ 그는 어제 11시에 집에 도착했다.

It's **getting** cold day by day.

≫ 날마다 날씨가 추워지고 있다.

:: giggle

의 미	㉂ 피식피식 웃다, 깔깔거리며 웃다
형 태	3인칭 단수 현재형: giggles / 과거형: giggled 과거 분사형: giggled / -ing형: giggling 명사형: giggle(장난, 재미, 깔깔 웃음), giggler(깔깔 웃는 사람) 형용사형: giggly(깔깔 웃는), giggling(깔깔 웃는)

Every time you **giggle** with your friends, 'endorphin' gets released in your body.

≫ 당신이 친구들과 깔깔거리며 웃을 때마다, 당신의 체내에서 '엔돌핀'이 생성된다.

The audience **giggled** at the humorous performances.

≫ 그 청중들은 재미있는 공연을 보면서 깔깔거리며 웃었다.

He only said it for a **giggle**.

≫ 그는 단지 재미로 그런 말을 했다.

She was very **giggly** and joking all the time.

≫ 그녀는 늘 깔깔거리며 잘 웃고, 농담을 즐긴다.

:: give

의 미	㉃ ㉂ 주다, 베풀다, 제공하다
형 태	3인칭 단수 현재형: gives / 과거형: gave 과거 분사형: given / -ing형: giving 명사형: give(주기), giver(제공자, 기부자, 주는 사람) 형용사형: given(주어진, 정해진, 받은), giveable(줄 수 있는)

He <u>gave</u> her a present.

» 그는 그녀에게 선물을 주었다.

The calories will <u>give</u> our body energy in the cold weather.

» 열량은 추운 날씨에 우리 몸에 에너지를 제공한다.

It is better to be a <u>giver</u> than a taker.

» 받는 사람보다는 주는 사람이 되는 것이 더 낫다.

Students had an argument for and against a <u>given</u> subject.

» 학생들은 주어진 주제에 대해 찬반 토론을 벌였다.

:: glance

의 미	卧 丞 힐끗 쳐다보다, 대충 훑어보다, 스치고 지나가다
형 태	3인칭 단수 현재형: glances / 과거형: glanced 과거 분사형: glanced / -ing형: glancing 명사형: glance(힐끗 보기) 형용사형: glancing(비스듬히 치는, 빗나간, 비스듬한)

He <u>glanced</u> at her with no sign of recognition.

» 그는 못 본 체 하며 그녀를 힐끗 쳐다보았다.

Please feel free to <u>glance</u> through these books during the slide presentation.

» 슬라이드 프레젠테이션이 진행되는 동안에, 편하게 이 책자들을 훑어보세요.

He <u>glanced</u> over the manuscript and told her what he thought.

» 그는 그 원고를 대충 훑어본 후에 그가 생각한 것을 그녀에게 말했다.

When you go up to the top of the mountain, you can see the whole city in one <u>glance</u>.

≫ 산 정상까지 올라가면, 당신은 시내 전체를 한눈에 볼 수 있다.

:: glare

의 미	㉑ 노려보며 적개심을 나타내다 ㉠ 노려보다, 번쩍이다
형 태	3인칭 단수 현재형: glares / 과거형: glared 과거 분사형: glared / -ing형: glaring 명사형: glare(노려보기, 번쩍임, 환한 눈부심) 형용사형: glaring(확연한, 명백한, 심한)

The lion <u>glared</u> at its prey.

≫ 그 사자는 먹이를 노려보았다.

She <u>glared</u> at him with angry eyes.

≫ 그녀는 분노의 눈빛으로 그를 노려보았다.

The snow melted quickly in the <u>glare</u> of the sun.

≫ 눈부신 햇빛을 받아 그 눈은 빨리 녹았다.

A lack of world-class products is another <u>glaring</u> weak spot on the Korean economy.

≫ 세계 수준의 제품들이 부족하다는 점은 한국 경제에 있어 또 하나의 분명한 취약점이다.

:: glaze

의 미	㉤ 광택제를 바르다, 윤기가 나게 하다 ㉦ 눈이 게슴츠레해지다
형 태	3인칭 단수 현재형: glazes / 과거형: glazed 과거 분사형: glazed / −ing형: glazing 명사형: glaze(윤기, 광택제), glazer(윤내는 기계, 유약을 칠하는 직공) 형용사형: glazed(윤이 나는, 흐릿한)

The small pot is <u>glazed</u>, so water does not get in.

≫ 그 작은 항아리는 광택제가 발라져 있어서, 물이 스며들지 않는다.

Her eyes <u>glazed</u> over and then shut.

≫ 그녀의 눈은 게슴츠레해지더니 감겼다.

Spread this like a <u>glaze</u> over the cake and let it dry for about 30 minutes.

≫ 이것을 케이크 위에 광택제처럼 바르고 약 30분가량 건조시키세요.

He likes <u>glazed</u> doughnuts.

≫ 그는 설탕시럽을 입힌 도넛을 좋아한다.

:: gleam

의 미	㉦ 희미하게 빛나다, 반짝이다
형 태	3인칭 단수 현재형: gleams / 과거형: gleamed 과거 분사형: gleamed / −ing형: gleaming 명사형: gleam(반짝임, 희미한 빛) 형용사형: gleamy(번쩍이는, 희미하게 빛나는), gleaming(반짝이는)

Moonlight <u>gleamed</u> on the water.

» 달빛이 수면 위에 반사되어 희미하게 빛났다.

Her eyes <u>gleamed</u> with excitement.

» 그녀의 눈은 흥분하여 반짝거렸다.

Every time I go to a school, I see a <u>gleam</u> in the eyes of the children.

» 매번 내가 학교에 갈 때마다, 나는 그 아이들의 눈에서 반짝임을 본다.

<u>Gleaming</u> ripples cut the lake's surface.

» 반짝이는 잔물결들이 호수의 표면을 갈랐다.

:: glide

의 미	㉜ 미끄러지듯이 움직이다, 활공하다, 소리 없이 지나가다
형 태	3인칭 단수 현재형: glides / 과거형: glided 과거 분사형: glided / –ing형: gliding 명사형: glide(미끄러지는 듯한 움직임, 미끄러짐), glider(글라이더), gliding(글라이더 타기)

The canoe <u>glided</u> over the lake.

» 그 카누는 호수 위를 미끄러지듯이 나아갔다.

The skaters were <u>gliding</u> on the ice.

» 스케이트 타는 사람들이 얼음 위에서 미끄러지듯이 움직이고 있었다.

An eagle was <u>gliding</u> high overhead.

» 독수리 한 마리가 머리 위에서 높이 활공하고 있었다.

We need to get some hang-<u>gliding</u> lessons before we take off on our own.

» 우리는 우리 스스로 행글라이더를 이륙시키려고 하기 전에 레슨을 받아야 한다.

:: glimpse

의 미	타 자 힐끗 보다, 잠깐 보다, 훑어보다, 엿보다
형 태	3인칭 단수 현재형: glimpses / 과거형: glimpsed 과거 분사형: glimpsed / –ing형: glimpsing 명사형: glimpse(힐끗 보기, 엿보기, 잠깐 봄), glimpser(잠깐 보는 사람)

He only <u>glimpsed</u> at her as she got into the limo.

» 그는 그녀가 리무진에 타는 것을 힐끗 보았을 뿐이었다.

She had <u>glimpsed</u> him through the window as she passed.

» 그녀는 지나가면서 창문을 통해 그를 잠깐 보았었다.

Both the programs show <u>glimpses</u> of real life of workers and students.

» 그 두 프로그램들은 회사원들과 학생들의 실제 생활을 살짝 보여준다.

They were trying to get a <u>glimpse</u> of the Pope across police barricades.

» 그들은 경찰의 방호벽 너머로 교황의 모습을 잠깐이라도 보려고 애쓰고 있었다.

:: glisten

의 미	㉜ 반짝이다, 번들거리다
형 태	3인칭 단수 현재형: glistens / 과거형: glistened 과거 분사형: glistened / −ing형: glistening 명사형: glisten(반짝임, 빛남) 형용사형: glistening(반짝이는, 번득이는)

The road <u>glistened</u> wet after the rain.

≫ 그 도로는 비가 온 후에 젖어서 번들거렸다.

The golden eagle on the New York Life Building <u>glistened</u> in the distance.

≫ 뉴욕 라이프 빌딩 위에 있는 황금 독수리상이 멀리서 반짝거렸다.

The petals began to <u>glisten</u> like crystals.

≫ 그 꽃잎들은 크리스탈처럼 반짝이기 시작했다.

There were drops of <u>glistening</u> dew on the leaves.

≫ 그 잎사귀에는 반짝이는 이슬방울들이 맺혀있었다.

:: glitter

의 미	㉜ 반짝반짝 빛나다, 번들거리다
형 태	3인칭 단수 현재형: glitters / 과거형: glittered 과거 분사형: glittered / −ing형: glittering 명사형: glitter(반짝이, 반짝이는 빛, 화려함) 형용사형: glittering(반짝이는), glittery(반짝반짝 빛나는)

All that <u>glitters</u> is not gold.
≫ 반짝이는 것이 모두 다 금은 아니다.

The ceiling of the church <u>glittered</u> with gold.
≫ 그 교회의 천장은 금으로 반짝반짝 빛났다.

You can decorate your Christmas card with <u>glitter</u>.
≫ 여러분은 크리스마스 카드를 반짝이로 장식할 수도 있다.

We are looking forward to her <u>glittering</u> future.
≫ 우리는 그녀의 반짝이는 미래를 기대하고 있다.

:: glorify

의 미	㉤ 칭송하다, 찬미하다, 미화하다
형 태	3인칭 단수 현재형: glorifies / 과거형: glorified 과거 분사형: glorified / –ing형: glorifying 명사형: glorification(찬송, 미화), glorifier(미화하는 사람) 형용사형: glorified(미화시킨), glorifiable(찬미할 수 있는)

Currently, universities <u>glorify</u> donors by naming halls and buildings after donors.
≫ 요즈음 대학들은 홀이나 건물들을 기부자들의 이름을 따서 그들을 칭송하고 있다.

We could neither praise nor <u>glorify</u> suicide under any circumstances.
≫ 우리는 어떠한 상황 하에서도 자살을 찬양하거나 미화할 수 없다.

They should be careful in their <u>glorification</u> of public personalities.

≫ 그들은 대중적인 인사들을 미화하는 데에 신중해야 한다.

The restaurant was no more than a <u>glorified</u> fast food cafe.

≫ 그 식당은 조금 미화된 패스트푸드 카페에 불과했다.

:: glow

의 미	㉜ 빛나다, 타오르다, 달아오르다, 상기되다, 붉게 되다
형 태	3인칭 단수 현재형: glows / 과거형: glowed 과거 분사형: glowed / –ing형: glowing 명사형: glow(불빛, 홍조) 형용사형: glowing(빛나는, 열렬한, 상기된, 극찬하는)

The buildings <u>glow</u> beautifully at night.

≫ 그 건물들은 밤에 아름답게 빛난다.

Her face <u>glowed</u> with embarrassment.

≫ 그녀의 얼굴은 당황함으로 붉어졌다.

In the city, the <u>glow</u> of evening sky is beautiful.

≫ 도시에서도, 저녁 하늘의 홍조는 아름답다.

We can see a <u>glowing</u> sea through the window.

≫ 우리는 창문을 통해 빛나는 바다를 볼 수 있다.

:: glue

의 미	匣 접착제로 붙이다
형 태	3인칭 단수 현재형: glues / 과거형: glued 과거 분사형: glued / −ing형: gluing 명사형: glue(접착제), gluer(접착제로 붙이는 사람) 형용사형: gluey(접착성 있는, 끈적끈적한)

Glue the words on this paper in order.

≫ 그 단어들을 차례로 이 종이에 붙이세요.

He spent three days gluing together the broken pieces.

≫ 그는 깨진 조각들을 붙이는 데 사흘을 보냈다.

Friendship is a sort of glue which helps to bind people together.

≫ 우정은 사람들을 함께 묶는 데 도움이 되는 일종의 접착제이다.

A cockroach has gluey pads and claws.

≫ 바퀴벌레는 접착성 있는 발바닥과 발톱을 지니고 있다.

:: go

의 미	匣 견디다, …을 따라 움직이다 圓 가다, 진행되다, 작동하다, …가 되다
형 태	3인칭 단수 현재형: goes / 과거형: went 과거 분사형: gone / −ing형: going 명사형: go(가기, 차례, 시도), goer(…에 자주 다니는 사람) 형용사형: go(준비가 되어 있는, 정상적으로 작동하는)

Go outside and enjoy the cold weather before winter **goes** away!
» 겨울이 가기 전에 밖으로 나가서 추운 날씨를 즐기세요!

Did everything **go** smoothly?
» 모든 일들이 순조롭게 진행되었습니까?

My computer doesn't **go**.
» 내 컴퓨터가 작동이 안 된다.

Two minutes before the satellite is to be launched and all systems are **go**.
» 위성이 발사되기 2분 전이고, 모든 장치들은 정상 작동 중이다.

:: govern

의 미	㉟ 다스리다, 통치하다, 지배하다, 좌우하다
형 태	3인칭 단수 현재형: governs / 과거형: governed 과거 분사형: governed / -ing형: governing 명사형: government(정부), governor(총독) 형용사형: governable(다스릴 수 있는, 통제할 수 있는)

Totalitarianism is a political system where the state **governs** its people in all aspects.
» 전체주의는 정부가 국민을 모든 면에서 통치하는 정치 시스템이다.

Prices are **governed** by market demand.
» 가격은 시장의 수요에 의해 좌우된다.

The <u>government</u> has a duty to protect their citizens.

» 정부는 시민을 보호해야 할 의무를 지니고 있다.

No one expected this to be <u>governable</u>.

» 아무도 이것을 통제 가능하다고 예상한 사람은 없었다.

:: grab

의 미	㉣ 붙잡다, 움켜잡다, 거머쥐다, 잠깐 …하다
형 태	3인칭 단수 현재형: grabs / 과거형: grabbed 과거 분사형: grabbed / –ing형: grabbing 명사형: grab(꽉 잡기, 약탈) / 형용사형: grabbable(움켜질 수 있는)

She <u>grabbed</u> her child in the arm.

» 그녀는 아이의 팔을 꽉 잡았다.

<u>Grab</u> the chance to broaden your perspectives of the world.

» 세계를 보는 당신의 시각을 넓힐 수 있는 기회를 잡으세요.

Let's <u>grab</u> a sandwich before we go.

» 가기 전에 잠깐 샌드위치를 먹읍시다.

He made a <u>grab</u> for her wrist.

» 그는 그녀의 손목을 꽉 잡았다.

:: grade

의 미	㉺ 등급을 나누다, 분류하다, 성적을 매기다 ㉯ 등급으로 되어 있다
형 태	3인칭 단수 현재형: grades / 과거형: graded 과거 분사형: graded / -ing형: grading 명사형: grade(등급, 성적, 학년), grader(등급을 매기는 사람, 학년생), grading(등급 매기기) / 형용사형: graded(등급이 나뉜)

These potatoes are <u>graded</u> according to size.

➤ 이러한 감자들은 크기에 따라 분류된다.

This mushroom was <u>graded</u> as edible.

➤ 이 버섯은 식용 가능한 것으로 분류되었다.

Physical education can help children to improve their <u>grades</u>.

➤ 체육은 아이들의 성적 향상에 도움을 줄 수 있다.

They should take <u>graded</u> tests for language students.

➤ 그들은 언어 학습자용 등급별 테스트를 받아야 한다.

:: graduate

의 미	㉺ 졸업시키다 ㉯ 졸업하다, 차츰 변화하다
형 태	3인칭 단수 현재형: graduates / 과거형: graduated 과거 분사형: graduated / -ing형: graduating 명사형: graduate(졸업생, 대학원생), graduation(졸업) 형용사형: graduate(대학을 졸업한, 대학원의)

He <u>graduated</u> from Korea University in 1978.

>> 그는 1978년에 고려대학교를 졸업했다.

The vegetation <u>graduated</u> from low scrub into dense forest growth.

>> 식물들은 낮은 관목 숲에서 울창한 삼림으로 변해갔다.

Finding a job is never easy for recent college <u>graduates</u>.

>> 최근 대졸자들이 일자리를 구하는 것은 결코 쉽지 않다.

Three years later, she went on to <u>graduate</u> school at Yonsei University.

>> 3년 후에, 그녀는 연세대학교 대학원에 들어갔다.

:: grant

의 미	㉺ 승인하다, 인정하다, 허락하다, 부여하다
형 태	3인칭 단수 현재형: grants / 과거형: granted 과거 분사형: granted / -ing형: granting 명사형: grant(보조금), grantor(양도인), grantee(피양도인), granter (허가하는 사람) / 형용사형: grantable(허가될 수 있는)

The city <u>granted</u> an honorary Seoul citizenship to the actor.

>> 그 시는 그 배우에게 서울 명예 시민권을 승인했다.

Laos was <u>granted</u> autonomy in 1949.

>> 라오스는 1949년에 자치권을 부여받았다.

They paid no <u>grants</u> to foreign students for 5 years.

>> 그들은 5년 동안 외국인 학생들에게 보조금을 지불하지 않았다.

They are not sure whether asylum is <u>grantable</u> or not.

≫ 그들은 망명이 허가될 수 있는지 없는지에 관해 확신하지 못한다.

:: grasp

의 미	㉠움켜잡다, 붙잡다, 파악하다, 이해하다 ㉣ 잡으려고 하다
형 태	3인칭 단수 현재형: grasps / 과거형: grasped 과거 분사형: grasped / -ing형: grasping 명사형: grasp(움켜잡기, 파악, 이해) / 형용사형: graspable(붙잡을 수 있는), grasping(단단히 쥐는, 욕심 많은)

<u>Grasp</u> all, lose all.

≫ 모두 다 잡으려다가, 모두 다 놓친다. (두 마리 토끼를 잡으려다가, 둘 다 놓친다.)

A drowning man will <u>grasp</u> at a straw.

≫ 물에 빠진 사람은 지푸라기라도 잡으려한다.

She <u>grasped</u> the opportunity to work abroad.

≫ 그녀는 해외에서 근무할 수 있는 그 기회를 잡았다.

She twisted in his <u>grasp</u>, trying to break away.

≫ 그녀는 그의 손아귀에서 벗어나기 위해서 몸을 비틀었다.

:: gratify

의 미	㉣ 만족시키다, 충족시키다, 기쁘게 하다
형 태	3인칭 단수 현재형: gratifies / 과거형: gratified 과거 분사형: gratified / −ing형: gratifying 명사형: gratification(만족, 희열) / 형용사형: gratifiable(기쁘게 할 수 있는), gratified(만족한), gratifying(유쾌한)

Praise <u>gratifies</u> most people.

》 칭찬은 대부분의 사람들을 기쁘게 한다.

Her answers <u>gratified</u> his curiosity about the course.

》 그녀의 답변들은 그 수업에 대한 그의 호기심을 충족시켜주었다.

The reward will give them immediate <u>gratification</u> for good results.

》 그 보상금은 그들에게 좋은 결과에 대한 즉각적인 만족감을 줄 것이다.

They were <u>gratified</u> to hear the news that she passed the exam.

》 그들은 그녀가 시험에 합격했다는 소식을 듣고 기뻤다.

:: graze

의 미	㉣ 방목하다, 스치다, 긁히다 ㉤ 가축이 풀을 먹다, 조금씩 자주 먹다
형 태	3인칭 단수 현재형: grazes / 과거형: grazed 과거 분사형: grazed / −ing형: grazing 명사형: graze(찰과상, 긁힌 상처) 형용사형: grazeable(풀을 뜯기 알맞은)

Sheep were <u>grazing</u> in the fields.

❯❯ 양들이 들판에서 풀을 뜯어먹고 있었다.

The land is suitable only for <u>grazing</u> sheep, goats, and camels.

❯❯ 그 땅은 양, 염소, 그리고 낙타를 방목하기에만 적합하다.

I fell and <u>grazed</u> my knee.

❯❯ 나는 넘어져서 무릎이 까졌다.

He walked away from the car crash with just <u>grazes</u>.

❯❯ 그는 단지 찰과상만 입은 채, 자동차 사고 현장에서 걸어 나왔다.

:: grease

의 미	囲 기름을 바르다, 촉진시키다, 뇌물을 주다, 원활히 추진시키다
형 태	3인칭 단수 현재형: greases / 과거형: greased 과거 분사형: greased / –ing형: greasing 명사형: grease(기름, 윤활유, 뇌물) 형용사형: greasy(기름투성이의)

First, <u>grease</u> a frying pan and heat it up.

❯❯ 우선, 프라이팬에 기름칠을 하고, 그것을 가열하세요.

These circumstances <u>greased</u> his ruin.

❯❯ 이러한 사정들이 그의 파멸을 촉진시켰다.

A small bribe will help <u>grease</u> the wheels.

❯❯ 작은 뇌물이라도, 일을 추진시키는 데 도움이 될 것이다.

First, wipe away the **grease** and then wash the pan.

≫ 먼저, 기름을 닦아낸 다음에, 냄비를 씻으세요.

:: greet

의 미	㉺ 인사하다, 환영하다, 맞이하다, 응수하다
형 태	3인칭 단수 현재형: greets / 과거형: greeted 과거 분사형: greeted / -ing형: greeting 명사형: greeting(인사, 인사말, 환영의 말), greeter(손님을 맞이하는 사람)

Today, handshaking is used to **greet** or congratulate another person.

≫ 오늘날, 악수는 다른 사람과 인사하거나 축하하기 위해 사용된다.

Every country has their own culture to **greet** each other.

≫ 모든 나라들은 서로를 맞이하는 고유의 문화를 지니고 있다.

She **greeted** him with a smile.

≫ 그녀는 미소 지으며 그를 맞이했다.

She didn't return his **greeting**.

≫ 그녀는 그의 인사에 대해 아무런 대꾸도 하지 않았다.

:: grieve

의 미	㉣ ㉺ 슬퍼하다, 비탄에 잠기다
형 태	3인칭 단수 현재형: grieves / 과거형: grieved 과거 분사형: grieved / −ing형: grieving 명사형: grief(슬픔), griever(슬퍼하는 사람) 형용사형: grieved(슬픈), grieving(슬프게 만드는), grievous(통탄할)

He **grieved** at the death of his friend.

» 그는 친구의 죽음으로 비탄에 잠겼다.

It **grieves** me to see you suffering.

» 당신이 괴로워하는 것을 보니 내 마음이 아프다.

It **grieved** him that he could do nothing to help her.

» 그는 그녀를 돕기 위해 아무 것도 할 수 없다는 것이 너무나 슬펐다.

Time tames the strongest **grief**.

» 시간은 아무리 큰 슬픔도 잊게 한다.

:: grill

의 미	㉣ 석쇠에 굽다, 뜨겁게 내리쬐다, 심문하다
형 태	3인칭 단수 현재형: grills / 과거형: grilled 과거 분사형: grilled / −ing형: grilling 명사형: grill(석쇠, 구운 요리), griller(석쇠, 석쇠에 고기를 굽는 사람) 형용사형: grilled(석쇠에 구운, 격자가 있는)

Grill the sausages for 10 minutes.

≫ 소시지를 10분 동안 석쇠에 구우세요.

The sun was grilling us.

≫ 태양이 뜨겁게 내리쬐고 있었다.

Broil the seasoned beef over hot charcoal on a grill.

≫ 양념한 소고기를 뜨거운 숯불위의 석쇠에 놓고 구우세요.

We ate delicious steamed short ribs and grilled fish.

≫ 우리는 맛있는 갈비찜과 생선구이를 먹었다.

:: grin

의 미	㉠ 크게 웃다, 이를 드러내다
형 태	3인칭 단수 현재형: grins / 과거형: grinned 과거 분사형: grinned / –ing형: grinning 명사형: grinner(활짝 웃는 사람, 씩 웃는 사람) 형용사형: grinning(씩 웃는)

They grinned with delight when they heard the news.

≫ 그들은 그 소식을 듣고 기뻐서 활짝 웃었다.

The dog grinned at him.

≫ 그 개는 그를 보고 이를 드러내며 으르렁거렸다.

Grin and bear it because it's better than no job at all.

≫ 하는 일이 전혀 없는 것보다는 나으니까, 웃으며 그 일을 견뎌보세요.

She gave a broad <u>grin</u>.

≫ 그녀가 크게 활짝 웃어 보였다.

:: grind

의 미	囼 갈다, 빻다, 문지르다
형 태	3인칭 단수 현재형: grinds / 과거형: ground 과거 분사형: ground / -ing형: grinding 명사형: grind(고되고 따분한 일, 삐걱거리는 소리), grinder(분쇄기) 형용사형: grinding(끝없이 계속되는)

You have to <u>grind</u> up the meat before making hamburgers.

≫ 당신은 햄버거를 만들기 전에 고기를 갈아야 한다.

Some people <u>grind</u> their teeth while they're asleep.

≫ 어떤 사람들은 잠자는 동안에 이를 간다.

People go on a vacation to avoid the <u>grind</u> of daily life.

≫ 사람들은 따분한 일상생활에서 벗어나기 위해서 휴가를 간다.

If you don't have an ice <u>grinder</u>, you can use frozen milk.

≫ 만약에 당신이 얼음 분쇄기가 없다면, 얼린 우유를 사용해도 된다.

:: grip

의 미	ⓔ 꽉 잡다, 움켜잡다, 사로잡다
형 태	3인칭 단수 현재형: grips / 과거형: gripped 과거 분사형: gripped / –ing형: gripping 명사형: grip(움켜쥠, 지배, 파악, 손잡이), gripper(쥐는 사람이나 도구) 형용사형: gripping(마음이나 시선을 사로잡는)

She <u>gripped</u> his hand in fear.

≫ 그녀는 무서워서 그의 손을 꽉 잡았다.

Korean society has been <u>gripped</u> by serious materialism and harsh competition.

≫ 한국 사회는 심각한 물질만능주의와 가혹한 경쟁에 사로잡혀왔다.

You should step on the escalator carefully and keep a firm <u>grip</u> on the handrail.

≫ 당신은 에스컬레이터에 조심스럽게 발을 올려놓고, 손잡이를 꼭 잡고 있어야 한다.

Her books are always <u>gripping</u>.

≫ 그녀의 책들은 언제나 마음을 사로잡는다.

:: groan

의 미	ⓐ 신음소리를 내다, 낮게 탄성을 지르다, 투덜거리다
형 태	3인칭 단수 현재형: groans / 과거형: groaned 과거 분사형: groaned / –ing형: groaning 명사형: groan(신음소리), groaner(신음하는 사람) 형용사형: groaning(신음하는)

All sectors of the nation are <u>groaning</u> under a recession.

» 국가의 모든 부문들이 불황으로 신음하고 있다.

They were all <u>groaning</u> about the amount of work they had.

» 그들은 모두 자신들이 맡은 일의 양에 대해서 투덜거리고 있었다.

Man is born crying, lives complaining, and dies <u>groaning</u>.

» 인간은 울면서 태어나서, 불평하며 살다가, 신음하면서 죽는다.

She heard faint <u>groans</u> coming from the next room.

» 그녀는 옆방에서 나는 희미한 신음소리를 들었다.

:: groom

의 미	㉣ 동물의 털을 손질하다. 다듬다. 준비시키다. 훈련하다. 내세우다
형 태	3인칭 단수 현재형: grooms / 과거형: groomed 과거 분사형: groomed / -ing형: grooming 명사형: groom(신랑), groomer(개 등의 조련사), grooming(몸단장, 동물의 털 손질) / 형용사형: groomed(단장을 한)

People sometimes <u>groom</u> or dye their pets to look good.

» 사람들은 가끔 자신들의 애완동물이 멋져 보이게 하려고, 털을 손질하거나 염색을 한다.

Cats always stay clean and <u>groom</u> themselves.

» 고양이들은 항상 청결을 유지하고 털 손질을 한다.

Dog <u>grooming</u> is gaining huge popularity these days.

≫ 애완견 몸치장하기는 요즈음 큰 인기를 얻고 있다.

She is always perfectly <u>groomed</u>.

≫ 그녀는 항상 완벽하게 차려입는다.

:: grope

의 미	(타)(자) 더듬거리며 찾다, 더듬으며 나아가다, 모색하다
형 태	3인칭 단수 현재형: gropes / 과거형: groped 과거 분사형: groped / –ing형: groping 명사형: grope(더듬기), groper(손으로 더듬는 사람) 형용사형: groping(더듬거리는)

She <u>groped</u> for her mobile phone in the dark room.

≫ 그녀는 캄캄한 방 안에서 그녀의 휴대폰을 더듬어 찾았다.

He <u>groped</u> in the pocket of his jacket.

≫ 그는 재킷 주머니를 이리저리 뒤졌다.

He seemed to be <u>groping</u> for the answer to the question.

≫ 그는 그 문제에 대한 해답을 이리저리 찾고 있는 것 같았다.

His <u>groping</u> movements indicated poor eyesight.

≫ 그의 더듬거리는 동작들은 시력이 나쁘다는 것을 암시했다.

:: gross

의 미	㉰ (경비를 차감하지 않고) …만큼의 총수익을 올리다
형 태	3인칭 단수 현재형: grosses / 과거형: grossed 과거 분사형: grossed / –ing형: grossing 명사형: gross(총계, 대량, 도매, 12다스) 형용사형: gross(총체의, 부피가 큰, 무성한, 역겨운)

His last movie <u>grossed</u> a fortune.

❯❯ 그의 지난 번 영화는 큰 수익을 올렸다.

The company <u>grossed</u> over three million dollars last year.

❯❯ 그 회사는 작년에 총 삼백만 달러 이상의 수익을 올렸다.

They sell goods by the <u>gross</u>.

❯❯ 그들은 도매로 물건을 판다.

Bhutan is the only country in the world to officially access <u>gross</u> national happiness.

❯❯ 부탄은 국가의 행복총생산을 공식적으로 평가한 세계 유일의 국가이다.

:: ground

의 미	㉰ …에 기초를 두게 하다, 땅에 내려놓다
형 태	3인칭 단수 현재형: grounds / 과거형: grounded 과거 분사형: grounded / –ing형: grounding 명사형: ground(땅, 지면, 분야, 이유) 형용사형: ground(지상의), grounded(확고한), groundless(근거 없는)

Self-discipline is <u>grounded</u> on self-knowledge.

≫ 자기 수양은 자신을 아는 것을 토대로 한다.

Her activities were <u>grounded</u> on the desire to serve others.

≫ 그녀의 활동은 다른 사람들에게 봉사하려는 욕구에 근거하고 있었다.

He lost his balance and fell to the <u>ground</u>.

≫ 그는 몸의 균형을 잃고 땅바닥으로 쓰러졌다.

A <u>groundless</u> rumor is circulating.

≫ 근거 없는 소문이 나돌고 있다.

:: group

의 미	㉤ 그룹으로 분류하다, 모으다 ㉧ 무리를 지어 모이다
형 태	3인칭 단수 현재형: groups / 과거형: grouped 과거 분사형: grouped / –ing형: grouping 명사형: group(그룹, 무리, 집단), grouping(그룹으로 만드는 행위) 형용사형: grouped(그룹으로 나뉜)

Works in the exhibition are <u>grouped</u> thematically

≫ 전시회의 작품들은 주제별로 분류되어 있다.

Languages are <u>grouped</u> in accordance with their genealogical relations.

≫ 언어들은 그들의 계통관계에 따라 분류된다.

They all <u>grouped</u> around the tree for a photograph.

≫ 그들은 모두 사진을 찍기 위해 나무 주변으로 모였다.

He divided the students into small <u>groups</u>.

≫ 그는 그 학생들을 소그룹들로 나누었다.

:: grow

의 미	㈀ 재배하다, 기르다 ㈁ 자라다, 증가하다, …으로 되어가다
형 태	3인칭 단수 현재형: grows / 과거형: grew 과거 분사형: grown / −ing형: growing 명사형: growth(성장, 증가, 상승), grower(재배자, 사육자) 형용사형: growing(성장하는, 증가하는, 재배하기 알맞은)

Most of them are still <u>growing</u> and many of them want to <u>grow</u> taller.

≫ 그들 중 대부분은 아직 성장하고 있고, 그들 중 많은 이들은 키가 더 자라기를 원한다.

The number of people in developing countries, including India, continues to <u>grow</u>.

≫ 인도를 포함한 개발도상 국가들의 인구수는 계속해서 증가하고 있다.

Population <u>growth</u> is the main cause of the <u>growing</u> quantities of e-waste.

≫ 인구 증가는 전자 쓰레기의 양이 증가하는 주된 원인이다.

China is one of the fastest <u>growing</u> countries in the world.

≫ 중국은 세계에서 가장 빠르게 성장하고 있는 나라들 중 하나이다.

:: grub

의 미	㉣ 파내다, 뒤지며 찾다, 파헤쳐 찾다
형 태	3인칭 단수 현재형: grubs / 과거형: grubbed 과거 분사형: grubbed / –ing형: grubbing 명사형: grub(벌레 유충, 지저분한 사람, 음식물) 형용사형: grubby(더러운, 지저분한, 경멸받을 만한)

They <u>grubbed</u> in the earth for potatoes.

≫ 그들은 땅을 파헤쳐서 감자를 캤다.

He <u>grubbed</u> through piles of old junk, but couldn't find the paper.

≫ 그는 산더미 같은 오래된 잡동사니 더미를 뒤졌지만, 그 서류를 찾을 수
없었다.

The butterfly is the development of the <u>grub</u>.

≫ 나비는 유충이 성장한 것이다.

The children had <u>grubby</u> faces and sad eyes.

≫ 그 아이들은 지저분한 얼굴과 슬픈 눈을 지니고 있었다.

:: grudge

의 미	㉣ 주기를 꺼려하다, 아까워하다, 질투하다
형 태	3인칭 단수 현재형: grudges / 과거형: grudged 과거 분사형: grudged / –ing형: grudging 명사형: grudge(유감, 원한, 앙심) 형용사형: grudging(마지못해 하는, 내키지 않는, 인색한)

I really **grudged** paying so much money for such poor service.

≫ 나는 그런 형편없는 서비스에 대해 그렇게 많은 돈을 지불하기가 정말 아까웠다.

She **grudges** the time she spends traveling to work.

≫ 그녀는 출퇴근하며 보내는 시간을 아까워한다.

He still has a **grudge** against her for refusing to lend him that money.

≫ 그는 그녀가 돈을 빌려주기를 거절한 것에 대해서 그녀에게 아직도 앙심을 품고 있다.

He even earned his opponents' **grudging** respect.

≫ 그는 심지어 그의 경쟁자들로부터 내키지 않는 존경도 받았다.

:: grumble

의 미	㉗ ㉚ 불평하다, 투덜거리다
형 태	3인칭 단수 현재형: grumbles / 과거형: grumbled 과거 분사형: grumbled / –ing형: grumbling 명사형: grumble(불평, 불만), grumbler(불평하는 사람) 형용사형: grumbling(투덜거리는, 불평하는)

Don't **grumble** about your food.

≫ 음식에 대해 투덜거리지 마세요.

Customers are **grumbling** even in the wealthy nations of Europe and the United States.

≫ 유럽과 미국 같은 부유한 나라의 소비자들조차도 불평을 한다.

He always starts work with a <u>grumble</u>.

≫ 그는 항상 불평을 하며 일을 시작한다.

I want to see a happy face rather than a <u>grumbling</u> face though you do nothing.

≫ 당신이 아무 것도 안할지라도, 나는 투덜거리는 얼굴보다는 행복한 얼굴을 보길 원한다.

:: grunt

의 미	타 자 투덜거리다, 불평하다, 꿀꿀거리다, 붕붕거리다
형 태	3인칭 단수 현재형: grunts / 과거형: grunted 과거 분사형: grunted / –ing형: grunting 명사형: grunt(불평, 꿀꿀거리는 소리, 저임금 단순 노동자) 형용사형: grunt(좋지 않은, 험한)

Don't <u>grunt</u> to your friend.

≫ 친구에게 투덜거리지 마세요.

The car <u>grunted</u> up the hill.

≫ 그 차는 붕붕거리며 언덕을 올라갔다.

His only answer was a <u>grunt</u>.

≫ 그의 유일한 대답은 불평뿐이었다.

During the summer, he earned money doing <u>grunt</u> work.

≫ 여름 동안, 그는 막노동을 하며 돈을 벌었다.

:: guarantee

의 미	㉣ 보장하다, 확실하게 하다, 품질 보증을 하다
형 태	3인칭 단수 현재형: guarantees / 과거형: guaranteed 과거 분사형: guaranteed / –ing형: guaranteeing 명사형: guarantee(굳은 약속, 보장, 품질보증서) 형용사형: guaranteed(확실한, 보장된)

Basic human rights, including freedom of speech, should be **guaranteed**.
➤➤ 언론의 자유를 포함한 기본적인 인권은 보장되어야 한다.

These days, getting a degree doesn't **guarantee** you a job.
➤➤ 요즈음은 학위를 딴다고 취직이 보장되지는 않는다.

Household appliances are usually **guaranteed** for one year.
➤➤ 가전제품들은 주로 1년간 품질 보증이 된다.

Career success is no **guarantee** of happiness.
➤➤ 사회에서의 성공이 행복을 보장해 주는 것은 아니다.

:: guard

의 미	㉣ ㉚ 지키다, 보호하다, 경계하다, 대비하다
형 태	3인칭 단수 현재형: guards / 과거형: guarded 과거 분사형: guarded / –ing형: guarding 명사형: guard(경호원, 경계, 수비수), guarder(경호하는 사람) 형용사형: guarded(조심스러운, 신중한)

Dokdo is currently being <u>guarded</u> by Korea's Coastal <u>guard</u>.

》 독도는 현재 한국의 해안 경비대가 지키고 있다.

He couldn't get in because the whole place was <u>guarded</u>.

》 그 장소 전체에 경비원들이 있어서, 그는 들어갈 수 없었다.

The president always travels with an armed <u>guard</u>.

》 대통령은 항상 무장 경호원단과 함께 이동한다.

The process of manufacture is a closely <u>guarded</u> secret.

》 그 제조방법은 극비 사항이다.

:: guess

의 미	母 ㉽ 추측하다, 짐작하다, 알아맞히다, …라고 생각하다
형 태	3인칭 단수 현재형: guesses / 과거형: guessed 과거 분사형: guessed / –ing형: guessing 명사형: guess(추측, 짐작), guesser(추측하는 사람) 형용사형: guessable(추측할 수 있는)

We can't <u>guess</u> what will happen next.

》 우리는 다음에 무슨 일이 벌어질지 추측할 수가 없다.

I <u>guess</u> media don't always tell us the truth.

》 나는 언론이 우리에게 항상 진실만을 말하지는 않는다고 생각한다.

What will happen next is anybody's <u>guess</u>.

》 다음에 무슨 일이 벌어질지는 모두의 추측일 뿐이다. (아무도 확실히 모른다.)

The user should avoid easily **guessable** passwords such as birthdate.

>> 사용자는 생년월일과 같이 쉽게 추측할 수 있는 비밀번호의 사용은 피해야 한다.

:: guide

의 미	㉣ 안내하다, 안내하며 보여주다, 인도하다, 지도하다
형 태	3인칭 단수 현재형: guides / 과거형: guided 과거 분사형: guided / -ing형: guiding 명사형: guide(안내인, 안내서, 지침) / 형용사형: guided(가이드가 안내하는), guidable(안내할 수 있는), guideless(안내인이 없는)

She **guided** us to the museum.

>> 그녀는 우리를 박물관으로 안내했다.

Teachers monitor and **guide** the students only when they need help.

>> 교사들은 학생들을 관찰하다가, 그들이 도움을 필요로 할 때만 지도한다.

The tour **guide** explained to us about the main buildings of the town.

>> 그 여행가이드는 그 마을의 주요건물들에 대해 우리에게 설명해주었다.

Some **guided** tours are a real rip-off.

>> 가이드가 안내하는 어떤 여행들은 터무니없이 비싼 바가지요금을 받는다.

:: gulp

의 미	🈪 🈚 꿀꺽 삼키다, 벌컥 마시다, 숨을 크게 들이마시다, 꾹 참다
형 태	3인칭 단수 현재형: gulps / 과거형: gulped 과거 분사형: gulped / −ing형: gulping 명사형: gulp(꿀꺽 마시기, 한 입), gulper(단숨에 삼키는 사람) 형용사형: gulpy(꿀꺽꿀꺽 마시는)

He <u>gulped</u> down a cup of coffee and rushed out the door.

≫ 그는 커피 한잔을 꿀꺽 마시고는, 서둘러 집에서 나왔다.

He opened the window and <u>gulped</u> in the cold air.

≫ 그는 창문을 열고, 찬 공기를 깊이 들이마셨다.

The girl <u>gulped</u> down a sob.

≫ 그 소녀는 흐느낌을 꾹 참았다.

He drank a glass of whisky in one <u>gulp</u>.

≫ 그는 위스키 한잔을 한 번에 꿀꺽 마셨다.

:: gum

의 미	🈪 풀칠을 하다, 풀로 붙이다
형 태	3인칭 단수 현재형: gums / 과거형: gummed 과거 분사형: gummed / −ing형: gumming 명사형: gum(고무, 잇몸, 껌) / 형용사형: gummy(고무의, 점착성의), gumless(고무질이 없는), gumlike(고무 같은)

An address label was <u>gummed</u> to the package.

» 그 소포에는 주소를 적은 종이가 붙어있었다.

I <u>gummed</u> the two pieces of cardboard together.

» 나는 두 장의 판지를 풀로 붙였다.

The old man smiled to reveal toothless <u>gums</u>.

» 그 노인은 치아가 없는 잇몸을 드러내면서 미소 지었다.

Some people spit their chewing <u>gum</u> on the street.

» 어떤 사람들은 거리에서 껌을 뱉는다.

:: gurgle

의 미	㉰ ㉯ 물이 콸콸 소리를 내다, 아이나 새가 까르륵 소리를 내다
형 태	3인칭 단수 현재형: gurgles / 과거형: gurgled 과거 분사형: gurgled / –ing형: gurgling 명사형: gurgle(콸콸 소리, 까르륵 소리) 형용사형: gurgling(콸콸 소리를 내는, 까르륵 소리를 내는)

Water <u>gurgled</u> out of the pipe.

» 물이 파이프에서 콸콸 쏟아져 나왔다.

The baby <u>gurgled</u> with satisfaction when the mother tickled it.

» 엄마가 간지럼을 태우자, 그 아기는 기분이 좋아 까르륵 소리를 내었다.

There was a <u>gurgle</u> of laughter in her room.

» 그녀의 방에서 까르륵거리는 웃음소리가 났다.

She makes <u>gurgling</u> sounds when she feels good.

≫ 그녀는 기분이 좋을 때, 까르륵 소리를 낸다.

:: gut

의 미	㉣ 화재로 내부를 다 파괴하다, 태워버리다, 내장을 제거하다
형 태	3인칭 단수 현재형: guts / 과거형: gutted 과거 분사형: gutted / –ing형: gutting 명사형: gut(내장, 배짱, 직감, 요지) 형용사형: gut(직감적인, 본능적인), gutless(배짱이 없는)

The house was completely <u>gutted</u>.

≫ 그 집은 화재로 내부가 완전이 다 타버렸다.

Fire <u>gutted</u> the building.

≫ 화재로 그 건물 내부가 다 타버렸다.

You should cook fish after the <u>guts</u> are removed.

≫ 당신은 생선의 내장을 제거한 후에 요리를 해야 한다.

He had a <u>gut</u> feeling that the attorney had ripped him off.

≫ 그는 그 변호사가 자신에게 바가지를 씌웠다는 직감이 들었다.

H

03 ::

habituate, hail, halt, hammer, hand, hand_, handle, hang, happen, h_
harden, harm, harmonize, harvest, hasten, ha_ _ate, haunt, have, head, hea_
heal, heap, hear, heat, heighten, help, hesi_ _ide, highlight, hijack, hike, h_
hinge, hint, hire, hit, hitch, hold, hole, hollov _or, hook, hop, hope, host, h_
hover, howl, huddle, hug, hum, humanize _nble, humidify, humiliate, h_
hunger, hunt, hurl, hurry, hurt, hush, hustle, hy_ _re

:: habituate

의 미	㉧ 습관을 들이다, 길들이다
형 태	3인칭 단수 현재형: habituates / 과거형: habituated 과거 분사형: habituated / -ing형: habituating 명사형: habit(습관), habituation(습관화, 익숙해짐) 형용사형: habituated(익숙한, 길들여진)

Don't **habituate** yourself to drinking a lot.

≫ 술을 많이 마시는 습관을 들이지 마세요.

Habituate yourself to exercising every day.

≫ 매일 운동하는 습관을 들이세요.

It is very important to break a bad **habit** and build a good one.

≫ 나쁜 습관을 버리고, 좋은 습관을 들이는 것은 매우 중요하다.

He became **habituated** to hard work.

≫ 그는 힘든 일에 익숙해졌다.

:: hail

의 미	㉧ 인사하다, 부르다, 열렬히 환영하다, 묘사하다 ㉐ 우박이 쏟아지다
형 태	3인칭 단수 현재형: hails / 과거형: hailed 과거 분사형: hailed / -ing형: hailing 명사형: hail(우박, 쏟아짐, 빗발침) 형용사형: haily(우박이 섞인, 우박 같은)

Everyone in the village <u>hailed</u> him as a hero.

≫ 그 마을의 모든 사람들은 그를 영웅으로 열렬히 맞이했다.

He is <u>hailed</u> as the father of modern anthropology.

≫ 그는 현대 인류학의 아버지로 묘사되고 있다.

It's <u>hailing</u>.

≫ 우박이 쏟아지고 있다.

We drove through <u>hail</u> and snow.

≫ 우리는 우박과 눈 속을 헤치며, 차를 타고 달렸다.

:: halt

의 미	타 자 중단하다, 중지하다, 막다, 멈추다
형 태	3인칭 단수 현재형: halts / 과거형: halted 과거 분사형: halted / -ing형: halting 명사형: halt(멈춤, 중단, 중지), halter(고삐) 형용사형: halting(자꾸 중단되는, 멈칫거리는, 더듬거리는)

All trade and aid to the North Korea have been <u>halted</u>.

≫ 북한에 대한 모든 무역과 원조는 중단되었다.

They are trying to <u>halt</u> the spread of the disease by distributing had sanitizers.

≫ 그들은 손 소독제를 나누어 줌으로써, 그 질병의 확산을 막으려고 노력하고 있다.

Some brutal practices must be drawn to a <u>halt</u>.

>> 일부 야만적인 관습들은 반드시 중지되어야 한다.

He talked to her in a <u>halting</u> way.

>> 그는 멈칫거리며, 그녀에게 말했다.

:: hammer

의 미	(타) 망치로 치다, 쾅쾅 두드리다
형 태	3인칭 단수 현재형: hammers / 과거형: hammered 과거 분사형: hammered / –ing형: hammering 명사형: hammer(망치), hammering(쾅쾅거리는 소리, 맹공격) 형용사형: hammered(망치로 두드려 편)

He <u>hammered</u> the nail into the wall.

>> 그는 망치로 벽에다 못을 박았다.

He <u>hammered</u> the door with his fists.

>> 그는 두 주먹으로 문을 쾅쾅 두드렸다.

Hail was <u>hammering</u> down onto the roof.

>> 우박이 지붕 위로 우두둑 떨어지고 있었다.

We need a <u>hammer</u> to drive the tent pegs into the hard ground.

>> 우리는 단단한 땅에 텐트 말뚝을 박기 위해서는 망치가 필요하다.

:: hand

의 미	㉣ 건네주다, 넘겨주다
형 태	3인칭 단수 현재형: hands / 과거형: handed 과거 분사형: handed / −ing형: handing 명사형: hand(손, 도움의 손길, 시계바늘), handful(한 움큼, 몇 안 되는 수, 다루기 힘든 사람) / 형용사형: handy(유용한, 편리한, 가까운)

He handed me the letter.

≫ 그가 나에게 그 편지를 건네주었다.

I was handed the card at the entrance.

≫ 나는 현관에서 카드를 건네받았다.

Let's give them a helping hand.

≫ 그들에게 도움의 손길을 줍시다.

Canned foods come in handy when you go camping or hiking.

≫ 통조림은 당신이 캠핑이나 하이킹을 갈 때 유용하다.

:: handicap

의 미	㉣ 불리한 입장에 서게 하다, 불리한 조건을 붙이다
형 태	3인칭 단수 현재형: handicaps / 과거형: handicapped 과거 분사형: handicapped / −ing형: handicapping 명사형: handicap(핸디캡, 장애, 불리한 조건) 형용사형: handicapped(장애를 지닌)

She was <u>handicapped</u> by her injured wrist.

≫ 그녀는 손목을 다쳐서 불리한 입장에 있었다.

The U. S. presence has actually <u>handicapped</u> Korea more than it has helped.

≫ 미국의 주둔은 실제로 한국에 도움이 되기보다는 불리한 조건이 되었다.

He was born with physical <u>handicaps</u> and had to go through numerous surgeries.

≫ 그는 신체적인 장애를 지니고 태어나서, 수많은 수술을 받아야 했다.

These days we use the word 'disabled people' instead of 'the <u>handicapped</u>.'

≫ 요즈음 우리는 장애인을 표현할 때 'the handicapped'라는 단어 대신에 'disabled people'이라는 표현을 사용한다.

:: handle

의 미	㉺ 다루다, 처리하다, 대처하다, 거래하다
형 태	3인칭 단수 현재형: handles / 과거형: handled 과거 분사형: handled / –ing형: handling 명사형: handle(핸들, 손잡이) 형용사형: handled(핸들이 있는), handleable(다룰 수 있는)

We all have to learn to <u>handle</u> stress.

≫ 우리 모두는 스트레스를 다룰 줄 알아야 한다.

They are still too young to <u>handle</u> dangerous situations on their own.

≫ 그들은 아직 너무 어려서, 위험한 상황에 스스로 대처할 수 없다.

They were arrested for <u>handling</u> stolen goods.

≫ 그들은 장물을 거래해서 체포되었다.

Shopping cart <u>handles</u> are also responsible for spreading germs.

≫ 쇼핑카트 손잡이도 또한 세균 전염의 원인이 된다.

:: hang

의 미	㉒ 걸다, 매달다, 교수형에 처하다 ㉔ 달려 있다, 뒤덮다, 서성이다
형 태	3인칭 단수 현재형: hangs / 과거형: hung, hanged 과거 분사형: hung, hanged / -ing형: hanging 명사형: hang(매달린 모양, 늘어뜨려진 모양), hanger(옷걸이), hanging(교수형, 벽걸이) / 형용사형: hanged(교수형의)

They <u>hung</u> his portrait above the fireplace.

≫ 그들은 그의 초상화를 벽난로 위에 걸었다.

The icicles are <u>hanging</u> from the eaves.

≫ 고드름이 처마 끝에 달려 있다.

Fog <u>hung</u> over the hill.

≫ 안개가 언덕을 뒤덮고 있었다.

He <u>hung</u> for hours at her door.

≫ 그는 그녀의 집 앞에서 몇 시간이나 서성거렸다.

:: happen

의 미	㉜ 발생하다, 일어나다, 우연히 …하다
형 태	3인칭 단수 현재형: happens / 과거형: happened 과거 분사형: happened / -ing형: happening 명사형: happening(일, 사건, 행위) 형용사형: happening(장소가 신나는, 멋진)

What happened to her?

≫ 그녀에게 무슨 일이 일어났습니까?

I happened to meet him in the elevator.

≫ 나는 엘리베이터 안에서 그와 우연히 마주쳤다.

There have been strange happenings here lately.

≫ 최근에 이곳에서 이상한 사건들이 있었다.

He will guide us to a happening place.

≫ 그는 우리들을 신나는 장소로 안내할 것이다.

:: harass

의 미	㉣ 괴롭히다, 희롱하다
형 태	3인칭 단수 현재형: harasses / 과거형: harassed 과거 분사형: harassed / -ing형: harassing 명사형: harassment(괴롭힘) 형용사형: harassed(시달리는), harassing(괴롭히는)

She claims she has been sexually <u>harassed</u> at work.

≫ 그녀는 직장에서 성희롱을 당했다고 주장한다.

Some people use the Internet to <u>harass</u> others.

≫ 어떤 사람들은 인터넷을 이용하여 다른 사람들을 괴롭힌다.

Effective measures should be taken to prevent <u>harassment</u>.

≫ 괴롭힘을 예방할 수 있는 효과적인 방안들이 마련되어야 한다.

All students are legally entitled to get an education without being <u>harassed</u>.

≫ 모든 학생들은 괴롭힘을 당하지 않고 교육받을 권리를 지니고 있다.

:: harden

의 미	雇 단단하게 하다, 굳히다, 단련하다 雇 단단해지다, 굳어지다
형 태	3인칭 단수 현재형: hardens / 과거형: hardened 과거 분사형: hardened / –ing형: hardening 명사형: hardness(단단함, 견고) 형용사형: hard(단단한, 어려운, 힘든), hardened(확고한, 단단해진)

Clay <u>hardens</u> when it dries.

≫ 진흙은 마르면 단단해진다.

These buildings were built with cement that <u>hardens</u> quickly.

≫ 이 건물들은 빨리 단단해지는 시멘트로 만들어졌다.

I do sit-ups to <u>harden</u> my abdominal muscles.

≫ 나는 복부 근육을 단련하기 위해서 윗몸일으키기를 한다.

Diamonds are the <u>hardest</u> mineral.

» 다이아몬드는 가장 단단한 광물이다.

:: harm

의 미	㈐ 해치다, 손상하다, 피해를 입히다
형 태	3인칭 단수 현재형: harms / 과거형: harmed 과거 분사형: harmed / −ing형: harming 명사형: harm(손해, 불편) 형용사형: harmful(해로운, 유해한), harmless(무해한, 악의 없는)

The scandal greatly <u>harmed</u> her image.

» 그 스캔들은 그녀의 이미지에 큰 손상을 입혔다.

The radio waves from cellphones can <u>harm</u> people's brains.

» 휴대폰에서 나오는 전파는 사람들의 뇌에 해를 끼칠 수 있다.

There is no <u>harm</u> in trying.

» 시도해본다고 해서 손해 볼 것은 없다.

Drinking and smoking are <u>harmful</u> to health.

» 음주와 흡연은 건강에 해롭다.

:: harmonize

의 미	퇘 조화시키다, 일치시키다 좨 조화하다, 일치하다, 어울리다
형 태	3인칭 단수 현재형: harmonizes / 과거형: harmonized 과거 분사형: harmonized / –ing형: harmonizing 명사형: harmony(조화, 일치), harmonizer(조화를 이루는 것) 형용사형: harmonious(조화로운, 평화로운)

Most selfish people don't like working as a team and can't <u>harmonize</u> with others.

>> 대부분의 이기적인 사람들은 팀으로 일하는 것을 좋아하지 않고, 다른 사람들과 잘 어울리지도 못한다.

Acupuncture helps to balance and <u>harmonize</u> your body.

>> 침술은 당신의 몸이 균형을 이루고 조화를 갖도록 도와준다.

We are taught since early childhood to live in <u>harmony</u> with other people.

>> 우리는 아주 어릴 때부터 다른 사람들과 조화를 이루며 살도록 배운다.

Not everyone's environment is stable and <u>harmonious</u>.

>> 모든 사람들의 환경이 다 안정적이고 조화로운 것은 아니다.

:: harvest

의 미	퇘 좨 수확하다, 거둬들이다, 모으다, 채취하다
형 태	3인칭 단수 현재형: harvests / 과거형: harvested 과거 분사형: harvested / –ing형: harvesting 명사형: harvest(추수, 수확, 수확량, 결실) 형용사형: harvestable(수확할 수 있는)

They spent busy days __harvesting__ the fields.

≫ 그들은 밭작물들을 수확하느라 바쁜 나날을 보냈다.

He obtained a patent for a procedure used to __harvest__ human embryonic stem cells

≫ 그는 인간의 배아 줄기세포를 추출하는 데 사용되는 절차로 특허를 받았다.

The weather was good at the __harvest__ this year.

≫ 올해는 수확할 때 날씨가 좋았다.

Ginseng takes 7 years to grow to a __harvestable__ stage.

≫ 인삼은 수확할 수 있는 단계까지 자라는 데 7년이 걸린다.

:: hasten

의 미	㉧ 재촉하다, 촉진시키다 ㉪ 서두르다, 급히 가다, 서둘러 …하다
형 태	3인칭 단수 현재형: hastens / 과거형: hastened 과거 분사형: hastened / -ing형: hastening 명사형: haste(서두름, 급함), hastiness(조급함) 형용사형: hasty(서두르는, 성급한, 경솔한)

As soon as I heard the news, I __hastened__ to the spot.

≫ 나는 그 소식을 듣자마자, 서둘러 그 현장으로 갔다.

The substance will __hasten__ the growth of the plants.

≫ 그 물질은 식물의 성장을 촉진시킬 것이다.

__Haste__ makes waste.

≫ 서두르면 일을 망친다.

Don't make any <u>hasty</u> decisions.

≫ 경솔한 결정은 하지 마세요.

:: hatch

의 미	㈬ 알에서 까다, 부화하다, 계획하다 ㈐ 부화하다, 꾸며지다
형 태	3인칭 단수 현재형: hatches / 과거형: hatched 과거 분사형: hatched / −ing형: hatching 명사형: hatch(승강구, 해치, 출입구, 반입구), hatchery(부화장), hatcher(알을 품은 새), hatchling(갓 부화한 새)

Don't count the chicks before they are <u>hatched</u>.

≫ 알을 까기도 전에, 병아리를 세지 마라.

Small baby turtles often fall victim to predators right after <u>hatching</u>.

≫ 작은 아기 거북이들은 부화하자마자, 종종 포식자들에게 희생된다.

The company <u>hatched</u> aggressive expansion plans 3 years ago.

≫ 그 회사는 3년 전에 공격적인 확장 계획을 세웠다.

We need longer screws to screw the <u>hatch</u> down properly.

≫ 우리는 승강구를 확실하게 고정시키려면, 더 긴 나사가 필요하다.

:: hate

의 미	㉭ 미워하다, 싫어하다, 증오하다
형 태	3인칭 단수 현재형: hates / 과거형: hated 과거 분사형: hated / -ing형: hating 명사형: hatred(미움, 증오) / 형용사형: hateful(적대적인, 혐오스러운), hateable(미워할 만한), hateless(미워하지 않는)

I used to **hate** rainy days when I was little.

≫ 나는 어릴 때 비오는 날을 싫어하곤 했다.

She **hated** to be away from her family.

≫ 그녀는 가족과 떨어져 있는 것을 싫어했다.

Racism is something that creates **hatred** and fear.

≫ 인종차별주의는 증오와 두려움을 창조하는 것이다.

She has a **hateful** attitude toward anyone who disagrees with her.

≫ 그녀는 자신의 의견과 일치하지 않는 사람은 누구에게나 적대적인 태도를 취한다.

:: haunt

의 미	㉭㉯ 생각이 계속 떠오르다, 유령이 출몰하다, 어떤 장소에 자주 들르다
형 태	3인칭 단수 현재형: haunts / 과거형: haunted 과거 분사형: haunted / -ing형: haunting 명사형: haunt(자주 다니는 곳) / 형용사형: haunted(유령이 나오는, 사로잡힌), haunting(끊임없이 마음에 떠오르는)

The memory of that day still <u>haunts</u> me.

» 그 날의 기억이 여전히 내 머릿속에 계속 떠오른다.

He was constantly <u>haunted</u> by the fear that he would soon die.

» 그는 자신이 곧 죽을 거라는 두려움이 끊임없이 떠올랐다.

This pub is a favorite <u>haunt</u> of foreign tourists.

» 이 술집은 외국 관광객들이 자주 찾는 인기 있는 장소이다.

That old house is thought to be <u>haunted</u>.

» 저 낡은 집에 유령이 자주 나온다고 한다.

:: have

의 미	타 가지다, 가지고 있다, 경험하다, …하다, 먹다
형 태	3인칭 단수 현재형: has / 과거형: had 과거 분사형: had / -ing형: having 명사형: haves(가져야 하는 것, 가진 자들, 부유층, 자원 등을 가지고 있는 국가들), have-nots(재산이 없는 사람, 빈곤국)

I <u>have</u> nothing to do now.

» 나는 지금 아무 할 일이 없다.

He <u>has</u> a habit of sitting up late at night.

» 그는 밤늦게까지 자지 않고 깨어있는 버릇이 있다.

I went to a party and <u>had</u> a good time.

» 나는 파티에 가서 즐거운 시간을 보냈다.

Love is one of life's 'must-haves.'

≫ 사랑은 인생에서 꼭 있어야하는 것들 중의 하나이다.

:: head

의 미	㉣ 향하다, 이끌다, 제목을 붙이다
형 태	3인칭 단수 현재형: heads / 과거형: headed 과거 분사형: headed / -ing형: heading 명사형: head(머리, 책임자, 교장, 윗부분), heading(제목, 주제) 형용사형: heady(의기양양한), headed(이름과 주소가 인쇄되어 있는)

We can't forecast where the economy is heading.

≫ 우리는 경제가 어디로 향하는지 예측할 수가 없다.

They headed for their destination.

≫ 그들은 목적지를 향해 나아갔다.

He has so many worries in his head right now.

≫ 지금 그의 머릿속에는 걱정거리가 너무나 많다.

She felt heady with success.

≫ 그녀는 성공하여 의기양양한 기분이 들었다.

:: headline

의 미	㉑ ㉞ 기사에 표제를 달다, 대서특필 하다, 주 공연자로 나오다
형 태	3인칭 단수 현재형: headlines / 과거형: headlined 과거 분사형: headlined / —ing형: headlining 명사형: headline(신문기사의 표제, 뉴스의 주요 항목, 화제), headliner (인기 배우) / 형용사형: head-lined(표제를 붙인)

The story was <u>headlined</u> 'Superman comes back.'

≫ 그 기사에는 '슈퍼맨이 돌아왔다'라는 표제가 붙어있었다.

The concert is to be <u>headlined</u> by Elton John.

≫ 그 콘서트는 주요 가수로 엘튼 존이 나올 예정이다.

The scandal was in the <u>headlines</u> for several days.

≫ 그 스캔들은 며칠 동안 신문의 표제를 장식했었다.

Ironically, she has made recent <u>headlines</u> for her looks, not her film work.

≫ 아이러니하게도, 그녀는 영화가 아니라 외모로 최근에 화제가 되고 있다.

:: heal

의 미	㉑ 치유하다, 치료하다, 메우다 ㉞ 치유되다, 낫다, 메워지다
형 태	3인칭 단수 현재형: heals / 과거형: healed 과거 분사형: healed / —ing형: healing 명사형: heal(치유, 치료), healer(치료자) 형용사형: healable(고칠 수 있는), healing(치유의, 치료의)

Warm bathing can lower blood sugar levels and <u>heal</u> sore muscles.
≫ 따뜻한 목욕은 혈당 수치를 내리고 아픈 근육을 치유할 수 있다.

Vitamin C <u>heals</u> your cuts and wounds.
≫ 비타민 C는 당신의 상처와 부상을 치료해준다.

The inflammatory process we see as sunburn, is a natural <u>healing</u> process.
≫ 햇볕에 화상을 입은 것같이 보이는 염증성 과정은 자연 치유 과정이다.

Singing your favorite songs has <u>healing</u> powers because it makes you happier.
≫ 당신이 좋아하는 노래를 부르면, 당신이 더욱 행복해지기 때문에 치료 효과가 있다.

:: heap

의 미	㉤ 쌓아 올리다, 축적하다 ㉧ 쌓이다
형 태	3인칭 단수 현재형: heaps / 과거형: heaped 과거 분사형: heaped / –ing형: heaping 명사형: heap(더미, 무더기, 대량, 많이) 형용사형: heaped(수북한), heaping(수북한)

The children <u>heaped</u> up the pillows to make a mountain.
≫ 그 아이들은 베개들을 쌓아 올려 산처럼 만들었다.

International enmity has been <u>heaped</u> on the country following its assault to its neighbor.
≫ 그 나라가 이웃 나라를 공격한 결과, 그 나라에 대해 국제적인 적대감이 쌓여왔다.

I have <u>heaps</u> of work to do.

≫ 나는 할 일이 산더미처럼 많다.

Add sugar a <u>heaping</u> spoonful to make it sweet.

≫ 그것을 달게 하기 위해서, 설탕을 한 숟가락 듬뿍 넣으세요.

:: hear

의 미	㉟ ㉠ 듣다, 들리다, 전해 듣다, 소식을 듣다
형 태	3인칭 단수 현재형: hears / 과거형: heard 과거 분사형: heard / -ing형: hearing 명사형: hearing(청력, 듣기, 청문회, 들리는 범위), hearer(청취자, 듣는 사람) / 형용사형: hearable(들을 만한)

I listened, but <u>heard</u> nothing.

≫ 나는 귀를 기울였지만, 아무런 소리도 듣지 못했다.

I <u>heard</u> he changed his job.

≫ 나는 그가 직장을 옮겼다는 소식을 들었다.

I look forward to <u>hearing</u> from him.

≫ 나는 그로부터 연락받기를 고대하고 있다.

Don't talk about him within his <u>hearing</u>.

≫ 그가 듣는 데서 그에 관한 이야기를 하지 마세요.

:: heat

의 미	㉠ 뜨겁게 만들다, 가열하다, 흥분시키다 ㉣ 뜨거워지다
형 태	3인칭 단수 현재형: heats / 과거형: heated 과거 분사형: heated / −ing형: heating 명사형: heat(열, 온도, 더위), heating(난방), heater(난방기) 형용사형: heated(열을 올리는, 열띤), hot(더운)

Heat the milk to 80 degrees.

≫ 우유를 80도까지 데우세요.

The oven takes a while to heat up.

≫ 오븐은 데워지는 데 시간이 좀 걸린다.

Although summer is a fun season, I can't stand the heat.

≫ 여름은 신나는 계절이긴 하지만, 나는 더위를 견딜 수 없다.

They have had heated arguments during the meeting.

≫ 그들은 회의하는 동안에 열띤 논쟁을 벌였다.

:: heighten

의 미	㉠ ㉣ 높이다, 고조시키다, 증가시키다, 강화하다
형 태	3인칭 단수 현재형: heightens / 과거형: heightened 과거 분사형: heightened / −ing형: heightening 명사형: height(키, 높이, 고도), heightener(과장하는 사람) 형용사형: heightened(과장된, 증가된)

If you get together with your friends more often, it will **heighten** your friendship.

» 당신이 친구들과 좀 더 자주 모이면, 우정이 두터워질 것이다.

The music **heightened** the dramatic effect.

» 그 음악은 극적인 효과를 높였다.

Please state your **height** and weight.

» 당신의 신장과 체중을 말씀해 주세요.

The story is somewhat **heightened** in details.

» 그 이야기는 세밀한 부분들이 약간 과장되어 있다.

:: help

의 미	㉣ 돕다, 도움이 되다, 먹다, 마시다, …에게 주다
형 태	3인칭 단수 현재형: helps / 과거형: helped 과거 분사형: helped / –ing형: helping 명사형: help(도움, 지원, 구조), helper(돕는 사람) / 형용사형: helpful(도움이 되는), helpless(속수무책인), helpable(도울 수 있는)

He always **helps** with the housework.

» 그는 항상 집안일을 도와준다.

If you want to another drink, just **help** yourself.

» 당신이 한잔 더 마시고 싶다면, 그냥 마음껏 가져다 드세요.

The web site was a great **help**.

➤➤ 그 웹 사이트가 큰 도움이 되었다.

Role-play is **helpful** in developing communication skills.

➤➤ 역할극은 의사소통 기술을 발전시키는 데 도움이 된다.

:: hesitate

의 미	㉺ 주저하다, 망설이다, 꺼리다
형 태	3인칭 단수 현재형: hesitates / 과거형: hesitated 과거 분사형: hesitated / –ing형: hesitating 명사형: hesitation(주저, 망설임), hesitater(주저하는 사람) 형용사형: hesitative(주저하는, 망설이는), hesitant(망설이는)

They are still **hesitating** whether to buy the house or not.

➤➤ 그들은 그 집을 사야할지 말아야 할지 아직도 망설이고 있다.

Please don't **hesitate** to contact me at this number.

➤➤ 주저하시지 말고, 이 번호로 저에게 연락주세요.

The man replied without a moment's **hesitation**.

➤➤ 그 남자는 한 순간의 망설임도 없이 대답했다.

Many people are **hesitant** to try new things.

➤➤ 많은 사람들은 새로운 일들을 시도하기를 망설인다.

:: hide

의 미	㉃ 숨기다, 감추다, 비밀로 하다 ㉔ 숨다
형 태	3인칭 단수 현재형: hides / 과거형: hid, hided 과거 분사형: hidden, hid / −ing형: hiding 명사형: hide(숨기, 은신처), hider(숨기는 사람) 형용사형: hidden(숨겨진, 감춰진, 비밀의)

A 3-dimensional cape can <u>hide</u> objects and make objects invisible.
>> 3차원 망토는 물체를 감추거나 안보이게 할 수 있다.

They are accused of falsifying corporate documents to <u>hide</u> illegal stock transfers.
>> 그들은 불법적인 주식거래를 은닉하기 위해 회사 서류를 변조한 혐의를 받고 있다.

We used to play <u>hide</u>-and-seek after school when young.
>> 우리는 어렸을 때, 방과 후에 술래잡기를 하곤 했다.

School sports can be a chance to discover <u>hidden</u> gifts.
>> 학교 체육은 숨겨진 재능을 발견할 수 있는 기회가 될 수 있다.

:: highlight

의 미	㉃ 강조하다, 눈에 띄게 하다, 드러나게 하다
형 태	3인칭 단수 현재형: highlights / 과거형: highlighted 과거 분사형: highlighted / −ing형: highlighting 명사형: highlight(하이라이트, 최고의 장면, 볼거리), highlighter(형광펜) 형용사형: highlighted(주목받는)

The report is <u>highlighting</u> the harm that toy weapons can cause.

» 그 보고서는 장난감 무기가 야기할 수 있는 해로움에 대해 강조하고 있다.

Some studies <u>highlight</u> the health risks of cellphones.

» 몇몇 연구들은 휴대폰이 건강에 미치는 위험에 대해 강조하고 있다.

The special effects are the <u>highlight</u> of the movie.

» 그 영화의 하이라이트는 특수효과다.

She is one of the most <u>highlighted</u> golfers these days.

» 그녀는 요즈음 가장 주목받는 골프선수들 중 한 명이다.

:: hijack

의 미	㉑ ㉔ 습격하여 강탈하다, 납치하다
형 태	3인칭 단수 현재형: hijacks / 과거형: hijacked 과거 분사형: hijacked / –ing형: hijacking 명사형: hijack(공중 납치, 강탈), hijacker(하이재커, 납치범) 형용사형: hijacked(납치된)

They <u>hijacked</u> and crashed airplanes into the World Trade Center in New York.

» 그들은 비행기들을 납치하여 뉴욕에 있는 세계 무역센터에 충돌시켰다.

Somali pirates <u>hijacked</u> South Korean vessels again.

» 소말리아 해적들은 한국 선박들을 또 납치했다.

The passengers and the flight crew fought back against the <u>hijackers</u>.
>> 승객들과 승무원들은 비행기 납치범들에 대항해 싸웠다.

The <u>hijacked</u> freighter's crew members were safely rescued by the special navy operations.
>> 납치된 화물선의 선원들은 해군의 특별 작전으로 안전하게 구조되었다.

:: hike

의 미	㉣ 대폭 인상하다 ㉠ 하이킹을 가다, 도보 여행을 가다
형 태	3인칭 단수 현재형: hikes / 과거형: hiked 과거 분사형: hiked / -ing형: hiking 명사형: hike(하이킹, 도보 여행, 대폭 인상), hiking(도보 여행), hiker (도보 여행을 하는 사람, 등산객)

This mountain is neither high nor steep to <u>hike</u>.
>> 이 산은 도보 여행하기에 높지도 가파르지도 않다.

The government <u>hiked</u> up the price of milk by over 40%.
>> 정부는 우유 가격을 40%가 넘게 대폭 인상했다.

Fall is the perfect season for <u>hiking</u>.
>> 가을은 하이킹을 하기에 완벽한 계절이다.

The <u>hikers</u> stay inside a cave waiting for the storm to abate.
>> 그 등산객들은 폭풍이 약해지기를 기다리며 동굴 속에 머물렀다.

:: hinder

의 미	㉧ 저해하다, 방해하다, 못하게 하다, 장애를 일으키다
형 태	3인칭 단수 현재형: hinders / 과거형: hindered 과거 분사형: hindered / -ing형: hindering 명사형: hindrance(저해, 방해물, 장애), hinderer(방해하는 사람) 형용사형: hindering(방해하는)

Lack of sleep <u>hinders</u> the immune system.

≫ 수면 부족은 면역 체계에 장애를 일으킨다.

I was <u>hindered</u> from playing golf by a sore wrist.

≫ 나는 손목이 아파서 골프를 칠 수 없었다.

High winds <u>hindered</u> the efforts to put out the fire.

≫ 강한 바람이 진화 활동을 방해했다.

Generally, many people view television as a <u>hindrance</u> of a child's education.

≫ 일반적으로, 많은 사람들은 텔레비전을 아이들 교육의 방해물로 생각한다.

:: hinge

의 미	㉠ …에 달려있다, 좌우되다, …에 따라 결정되다
형 태	3인칭 단수 현재형: hinges / 과거형: hinged 과거 분사형: hinged / -ing형: hinging 명사형: hinge(경첩, 잠깐 보기) 형용사형: hinged(경첩이 달린, 여닫이의)

Future movements of producer prices <u>hinge</u> on oil costs.

>> 생산자 물가의 향후 움직임은 유가에 달려있다.

Everything <u>hinges</u> on what we do next.

>> 모든 것은 우리가 다음에 하는 것에 달려있다.

The door had been pulled off its <u>hinges</u>.

>> 그 문은 경첩에서 떼어져 있었다.

This is a <u>hinged</u> door.

>> 이 문은 여닫이 문이다.

:: hint

의 미	🗐 🗷 암시하다, 시사하다, 넌지시 비치다
형 태	3인칭 단수 현재형: hints / 과거형: hinted 과거 분사형: hinted / –ing형: hinting 명사형: hint(힌트, 암시, 시사, 미약한 징후), hinter(암시를 주는 사람, 암시를 주는 것)

Her perfect swing and concentration <u>hinted</u> that she is ready for the season.

>> 그녀의 완벽한 스윙과 집중력은, 그녀가 그 시즌을 위해 준비되어 있음을 암시했다.

She <u>hinted</u> that she enjoyed competing with the other great golfers.

>> 그녀는 다른 위대한 골프선수들과 경쟁하는 것을 즐겼다고 내비쳤다.

Let me give you some <u>hints</u>.

≫ 제가 당신에게 몇 가지 힌트를 드릴게요.

There was a <u>hint</u> of mockery in her smile.

≫ 그녀의 미소에는 조롱하는 듯 한 기색이 보였다.

:: hire

의 미	㉣ 고용하다, 채용하다, 빌리다, 임대하다
형 태	3인칭 단수 현재형: hires / 과거형: hired 과거 분사형: hired / —ing형: hiring 명사형: hire(고용된 사람, 고용, 임대, 임대료), hirer(고용주, 임차인) 형용사형: hired(고용된, 빌린)

Corporate profits have skyrocketed, but they still don't <u>hire</u> workers.

≫ 기업 수익은 급등했지만, 그들은 여전히도 직원을 고용하지 않는다.

Schools must <u>hire</u> more teachers to solve these problems.

≫ 이러한 문제들을 해결하기 위해서는, 학교들이 더 많은 교사들을 채용해야 한다.

They <u>hired</u> a limo service to take the bride to the wedding.

≫ 그들은 신부를 결혼식장에 데려가기 위해서 리무진을 빌렸다.

The company recruited science majors for over 90% of its new <u>hires</u>.

≫ 그 회사는 신입사원의 90%이상을 이공계 전공자로 모집했다.

:: hit

의 미	㉳ 치다, 부딪치다, 생각이 떠오르다, 우연히 마주치다
형 태	3인칭 단수 현재형: hits / 과거형: hit / 과거 분사형: hit -ing형: hitting / 명사형: hit(타격, 명중, 히트, 히트곡, 흥행 대성공), hitter(스포츠의 타자, 유력자, 치는 사람)

If something is about to <u>hit</u> your eye, you will blink automatically.

≫ 만약에 무언가가 당신의 눈을 치려고 한다면, 당신은 자동적으로 눈을 깜박일 것이다.

A mega earthquake and tsunami <u>hit</u> the Philippines last year.

≫ 작년에 엄청난 규모의 지진과 쓰나미가 필리핀을 강타했다.

She is about to release an album of her greatest <u>hits</u>.

≫ 그녀는 최고의 히트곡들을 모은 앨범을 출시할 예정이다.

He was one of the greatest <u>hitters</u>.

≫ 그는 최고의 타자들 중 한 명이었다.

:: hitch

의 미	㉳ ㉓ 히치하이크하다, 얻어 타다, 편승하다, 끌어 올리다, 묶다, 매다
형 태	3인칭 단수 현재형: hitches / 과거형: hitched 과거 분사형: hitched / -ing형: hitching 명사형: hitch(잡아 매기, 뜻밖의 장애, 걸림돌), hitching(견인 장치) 형용사형: hitched(결혼한)

They <u>hitched</u> a ride in a truck.

≫ 그들은 트럭을 얻어 탔다.

It is dangerous to <u>hitch</u> a ride with strangers.

≫ 낯선 사람의 차를 얻어 타는 것은 위험하다.

He <u>hitched</u> a rope around a tree trunk.

≫ 그는 밧줄을 나무줄기에 묶었다.

The party went off without a <u>hitch</u>.

≫ 그 파티는 별 탈 없이 진행되었다.

:: hold

의 미	(타)(자) 잡다, 쥐다, 지니고 있다, 보유하다, 개최하다, 유지하다
형 태	3인칭 단수 현재형: holds / 과거형: held 과거 분사형: held / −ing형: holding 명사형: hold(쥐기, 잡기, 억제, 예약, 지배력), holder(소유자), holdings (재산) / 형용사형: holdable(쥘 수 있는)

Don't <u>hold</u> your friends' hands if they have caught a cold.

≫ 친구들이 감기에 걸렸을 때는, 그 친구들의 손을 잡지 마세요.

As a professional golfer, she <u>holds</u> a reputation for accuracy and endurance.

≫ 프로 골프선수로서, 그녀는 정확하고 인내심이 있다는 명성을 지니고 있다.

Every year, the government <u>holds</u> an official ceremony to honor the day.

≫ 매년, 정부는 그 날을 기념하기 위해 공식적인 행사를 개최한다.

He kept a firm <u>hold</u> on the rope.

>> 그는 밧줄을 꼭 붙잡고 있었다.

:: hole

의 미	타 공을 쳐서 구멍에 넣다, 구멍을 내다, 뚫다
형 태	3인칭 단수 현재형: holes / 과거형: holed 과거 분사형: holed / –ing형: holing 명사형: hole(구멍, 구덩이, 골프의 홀, 공백, 허점) 형용사형: holey(구멍이 뚫린, 구멍이 많은)

She <u>holed</u> out from 30 feet.

>> 그녀는 30피트 떨어진 곳에서 공을 쳐서 구멍에 넣었다.

They <u>holed</u> a tunnel through the mountain.

>> 그들은 그 산을 통과하는 터널을 뚫었다.

Scientists discovered a <u>hole</u> in the ozone layer over Antarctica in the 1980s.

>> 과학자들은 1980년대에 남극대륙 위쪽의 오존층에서 구멍을 발견했다.

There were several <u>holes</u> in his argument.

>> 그의 주장에는 몇 가지 허점이 있었다.

:: hollow

의 미	㉣ 속이 비게 하다, 움푹 파내다, 도려내다 ㉣ 공허해지다
형 태	3인칭 단수 현재형: hollows / 과거형: hollowed 과거 분사형: hollowed / -ing형: hollowing 명사형: hollow(속이 텅 빔, 움푹 들어간 곳, 구멍, 골짜기) 형용사형: hollow(속이 빈, 공허한, 움푹 꺼진, 실속 없는)

Hollow out the cake and fill it with cream.

》 케이크를 움푹 파내고 거기에 크림을 채워 넣으세요.

They hollowed a boat out of a log.

》 그들은 통나무 속을 파내어 보트를 만들었다.

The squirrel disappeared into a hollow at the base of the tree.

》 그 다람쥐는 나무 아래쪽에 난 구멍 속으로 사라졌다.

Owls build nests in hollow trees or cliff cavities.

》 올빼미는 속이 빈 나무나 절벽에 뚫려있는 구멍에 둥지를 짓는다.

:: honor

의 미	㉣ …에게 경의를 표하다, …에게 영예를 주다, 영광으로 생각하다
형 태	3인칭 단수 현재형: honors / 과거형: honored 과거 분사형: honored / -ing형: honoring 명사형: honor(영광, 기념) / 형용사형: honorable(존경받을 만한, 훌륭한), honorary(명예의, 명예직의), honored(명예로운)

Gyeonggi Province decided to build a park to <u>honor</u> him.

≫ 경기도는 그에게 경의를 표하기 위해서 공원을 건립하기로 결정했다.

I am very <u>honored</u> to meet you.

≫ 당신을 뵙게 되어 매우 영광입니다.

Fireworks shows are held every year in <u>honor</u> of the festival.

≫ 그 축제를 기념하기 위해 매년 불꽃놀이 쇼가 개최된다.

He is a decent and <u>honorable</u> man.

≫ 그는 품위가 있고 존경받을 만한 사람이다.

:: hook

의미	(타)(자) 갈고리로 걸다, 잠그다, 호크로 채우다, 낚시 바늘로 낚다
형태	3인칭 단수 현재형: hooks / 과거형: hooked 과거 분사형: hooked / -ing형: hooking 명사형: hook(갈고리, 걸이, 바늘) 형용사형: hooked(갈고리가 달린, 중독의)

He <u>hooked</u> his jumper cable to her car battery.

≫ 그는 그녀의 자동차 배터리에다 충전용 케이블을 걸었다.

She is wearing a dress that <u>hooks</u> at the back.

≫ 그녀는 등 쪽에서 호크를 잠그게 되어 있는 드레스를 입고 있다.

A variety of <u>hooks</u> are used for different types of fish.

≫ 서로 다른 물고기 종류에 따라 다양한 낚시 바늘이 사용된다.

She got <u>hooked</u> on the tranquilizers that she had been given from the hospital.

≫ 그녀는 병원에서 받은 신경안정제에 중독되었다.

:: hop

의 미	ⓣⓐ 깡충 뛰다, 비행기로 가다, 급히 움직이다, 여러 곳을 돌아다니다
형 태	3인칭 단수 현재형: hops / 과거형: hopped 과거 분사형: hopped / -ing형: hopping 명사형: hop(깡충 뛰기, 짧은 비행기 여행) 형용사형: hopping(활발한, 바쁜, 깡충깡충 뛰는)

The rabbit <u>hopped</u> around.

≫ 그 토끼는 주변을 깡충깡충 뛰어다녔다.

They <u>hopped</u> on the next train.

≫ 그들은 그 다음 기차를 급히 탔다.

He likes to <u>hop</u> from channel to channel when he watches TV.

≫ 그는 TV를 볼 때, 채널을 휙휙 돌리는 것을 좋아한다.

We are all exceedingly excited about our weekend <u>hops</u> to Hong Kong.

≫ 우리는 홍콩으로의 짧은 주말여행으로 굉장히 흥분되어 있다.

:: hope

의 미	他 自 희망하다, 바라다
형 태	3인칭 단수 현재형: hopes / 과거형: hoped 과거 분사형: hoped / -ing형: hoping 명사형: hope(희망, 기대), hoper(기대하는 사람) 형용사형: hopeful(희망에 찬, 희망적인, 기대하는), hopeless(절망적인)

I <u>hope</u> they will get along with their friends in class.

》 나는 그들이 학급의 친구들과 잘 지내기를 바란다.

We respect others and <u>hope</u> to be respected as well.

》 우리는 다른 사람들을 존중하고, 우리도 또한 존중받기를 희망한다.

The future is not without <u>hope</u>.

》 미래가 희망이 없는 것은 아니다.

Scientists are <u>hopeful</u> that they can complete the project.

》 과학자들은 그 프로젝트를 성공시킬 수 있으리라는 희망에 차있다.

:: host

의 미	他 주최하다, 개최하다, 진행하다, 사회를 맡다, 관리하다
형 태	3인칭 단수 현재형: hosts / 과거형: hosted 과거 분사형: hosted / -ing형: hosting 명사형: host(진행자, 주인, 기생 동식물의 숙주) 형용사형: hostless(주인이 없는, 주최자가 없는)

Our national power elevated sharply after <u>hosting</u> the G20 summit successfully.

» 우리의 국가 파워는 G20 정상회담을 성공적으로 개최한 후에 급격히 향상 되었다.

The country <u>hosts</u> a lot of surfing competitions every year.

» 그 나라는 매년 많은 서핑 대회를 개최한다.

The actress <u>hosted</u> the event that was broadcasted worldwide.

» 그 여배우는 전 세계로 방송된 그 행사의 사회를 맡았다.

A TV shopping <u>host</u> has to talk the viewers in buying goods within three minutes.

» TV 쇼핑 호스트는 시청자들이 3분 이내에 물건을 사도록 설득해야 한다.

:: house

의 미	国 거처를 제공하다, 수용하다, 보관하다, 소장하다
형 태	3인칭 단수 현재형: houses / 과거형: housed 과거 분사형: housed / -ing형: housing 명사형: house(집, 가정, 건물, 의회) / 형용사형: house(집의, 실내의, 가옥용), housed(집안에 갇힌, 외출이 금지된)

The organization manages two camps that can <u>house</u> more than 5,000 displaced people.

» 그 기관은 5,000명 이상의 난민들을 수용할 수 있는 두 개의 임시숙소를 운영하고 있다.

The building will **house** a museum, a movie theater, and a Starbucks coffee shop.

» 그 건물에는 박물관, 영화관, 그리고 스타벅스 커피숍도 들어서게 될 것이다.

Wagner built his own opera **house** in Bayreuth in 1875.

» 바그너는 1875년 바이로이트에 자신의 오페라 하우스를 지었다.

Between the months of March through October, add a **house** plant fertilizer.

» 3월과 10월 사이에 실내 식물용 비료를 첨가해 주세요.

:: hover

의 미	㉜ 맴돌다, 유지하다, 머무르다, 날다, 떠있다, 헤매다
형 태	3인칭 단수 현재형: hovers / 과거형: hovered 과거 분사형: hovered / −ing형: hovering 명사형: hover(공중에 떠돌기, 배회, 방황), hoverer(공중을 나는 것), hovering(공중 정지)

Bees **hovered** over the daisies.

» 벌들은 데이지 꽃 위를 맴돌았다.

The drone is believed to have **hovered** above Cheong Wa Dae for about 20 seconds.

» 그 무인기(드론)는 청와대 상공에서 약 20초 동안 머문 것으로 추정된다.

A helicopter from the radio station is **hovering** over the traffic jam.

» 라디오 방송국에서 나온 헬리콥터가 차량 정체지역 위를 맴돌며 날고 있다.

He <u>hovered</u> near death for three days.

≫ 그는 사흘 동안 사경을 헤맸다.

:: howl

의 미	㉠ ㉣ 울부짖다, 윙윙거리다, 아우성치다
형 태	3인칭 단수 현재형: howls / 과거형: howled 과거 분사형: howled / −ing형: howling 명사형: howl(길게 울부짖는 소리, 윙윙 소리) 형용사형: howling(울부짖는, 휘몰아치는)

The wolves <u>howled</u> all night.

≫ 늑대들이 밤새도록 울부짖었다.

The wind <u>howled</u> through the pines.

≫ 소나무들 사이로 바람이 윙윙거렸다.

They are <u>howling</u> for equal conditions.

≫ 그들은 동등한 조건을 요구하며 아우성치고 있다.

When she played the piano, her dog would sing with a high-pitched <u>howl</u>.

≫ 그녀가 피아노를 치면, 그녀의 개는 고음의 울부짖음으로 노래를 불렀다.

:: huddle

의 미	㉣ 몸을 웅크리다, 급히 서둘러 하다 ㉠ 떼 지어 모이다
형 태	3인칭 단수 현재형: huddles / 과거형: huddled 과거 분사형: huddled/ —ing형: huddling 명사형: huddle(떼 지어 모여 있는 것), huddler(급히 해치우는 사람)

To avoid the wind, they <u>huddled</u> down behind the wall.

≫ 그들은 바람을 피하기 위해서, 벽 뒤에 웅크리고 앉았다.

They <u>huddled</u> together around the fire.

≫ 그들은 모닥불 주위에 모여들었다.

Some people <u>huddled</u> up in a corner talking politics.

≫ 몇몇 사람들이 구석에 모여서 정치 이야기를 하고 있었다.

People stood around in <u>huddles</u>.

≫ 사람들은 옹기종기 모여 서있었다.

:: hug

의 미	㉣ 껴안다, 포옹하다, 끌어안다
형 태	3인칭 단수 현재형: hugs / 과거형: hugged 과거 분사형: hugged / —ing형: hugging 명사형: hug(껴안기, 포옹), hugger(포옹하는 사람) 형용사형: huggable(껴안고 싶은)

As if in answer to his question, she <u>hugged</u> him tight.

≫ 마치 그의 질문에 대답하듯이, 그녀는 그를 꼭 껴안았다.

People who were often <u>hugged</u> by their dear ones had healthier and happier lives.

≫ 사랑하는 사람들로부터 자주 포옹을 받은 사람들은 더 건강하고 행복한 삶을 살았다.

The researchers found that <u>hugs</u> decrease the risk of heart disease.

≫ 그 연구원들은 포옹이 심장병에 걸릴 위험을 줄여준다는 것을 알아냈다.

This <u>huggable</u> cushion bears the image of her favorite cartoon character.

≫ 껴안고 싶은 이 쿠션에는, 그녀가 좋아하는 만화 캐릭터의 이미지가 그려져 있다.

:: hum

의 미	㉧ ㉯ 콧노래를 부르다, 웅성거리다, 윙윙거리다
형 태	3인칭 단수 현재형: hums / 과거형: hummed 과거 분사형: hummed / -ing형: humming 명사형: hum(콧노래, 윙윙거리는 소리, 웅성거리는 소리), hummer (콧노래 부르는 사람) / 형용사형: humming(콧노래를 부르는)

She <u>hummed</u> a song because she was happy.

≫ 그녀는 기분이 좋아서 콧노래를 불렀다.

The people were <u>humming</u> with anticipation.

≫ 그 사람들은 고대하며 웅성거리고 있었다.

The computer was <u>humming</u> away.

» 그 컴퓨터는 계속 윙윙거리고 있었다.

I heard the faint <u>hum</u> of a mosquito.

» 나는 모기가 윙윙거리는 소리를 어렴풋이 들었다.

:: humanize

의 미	㉑ 인간답게 하다, 인도적으로 만들다 ㉯ 인간다워지다, 친절해지다
형 태	3인칭 단수 현재형: humanizes / 과거형: humanized 과거 분사형: humanized / –ing형: humanizing 명사형: human(인간), humanization(인간화) 형용사형: human(인간의), humanized(인간화된)

These measures are intended to <u>humanize</u> the prison system.

» 이러한 조치들은 교도소 시스템을 인도적으로 만들기 위해 계획된 것이다.

Sorrow has <u>humanized</u> his soul.

» 슬픔은 그의 마음을 인간답게 했다.

The scientific technician puts all his efforts into the <u>humanization</u> of robots.

» 그 과학 기술자는 로봇의 인간화에 그의 모든 노력을 쏟는다.

Survival is the most basic <u>human</u> instinct.

» 생존은 인간의 가장 기본적인 본능이다.

:: humble

의 미	㉭ 겸허하게 하다, 낮추다, 꺾다
형 태	3인칭 단수 현재형: humbles / 과거형: humbled 과거 분사형: humbled / —ing형: humbling 명사형: humbleness(겸손함, 검소함), humbler(겸손한 사람) 형용사형: humble(겸손한, 검소한, 초라한)

He was <u>humbled</u> by her generosity.

》 그는 그녀의 너그러움에 겸허해 졌다.

Try to make your heart <u>humble</u>.

》 당신의 마음이 겸허해지도록 노력하세요.

Famed stars need to stay <u>humble</u> and maintain their manners when fans approach.

》 유명한 스타들은 팬들이 다가왔을 때 겸손과 예의를 유지할 필요가 있다.

However <u>humble</u> it may be, there's no place like home.

》 아무리 초라할지라도, 자신의 집과 같은 곳은 없다.

:: humidify

의 미	㉭ 축축하게 하다, 촉촉하게 하다, 축이다, 적시다
형 태	3인칭 단수 현재형: humidifies / 과거형: humidified 과거 분사형: humidified / —ing형: humidifying 명사형: humidity(습도), humidifier(가습기), humidification(가습) 형용사형: humid(습한)

If the air in your room is dry, <u>humidify</u> your room with humidifier.

>> 만약에 당신의 방안 공기가 건조하다면, 가습기로 방을 촉촉하게 하세요.

Water taken up through the plants can help to <u>humidify</u> the air.

>> 식물들을 통해 흡수된 물은 공기를 촉촉하게 하는 데 도움이 될 수 있다.

Laundry does not dry very easily in summer due to high <u>humidity</u>.

>> 여름에는 높은 습도 때문에 세탁물이 쉽게 마르지 않는다.

The scorching hot, <u>humid</u> weather makes us feel tired and annoyed easily.

>> 몹시 덥고, 습한 날씨는 우리로 하여금 쉽게 피곤함을 느끼고 짜증이 나게 만든다.

:: humiliate

의 미	㉣ 창피를 주다, 모욕하다, 굴욕감을 느끼게 하다
형 태	3인칭 단수 현재형: humiliates / 과거형: humiliated 과거 분사형: humiliated / –ing형: humiliating 명사형: humiliation(수치), humiliator(모욕하는 사람) 형용사형: humiliated(창피한), humiliating(창피를 주는)

A teacher should not <u>humiliate</u> students who are not bright.

>> 교사는 영리하지 못한 학생들에게 창피를 주어서는 안 된다.

He intended to embarrass and <u>humiliate</u> them.

>> 그는 그들을 당황시키고 모욕하려는 의도가 있었다.

Being forced to resign was a great <u>humiliation</u> for the minister.

≫ 사직을 강요받은 것은 그 장관에게는 커다란 수치였다.

When you are with other people in a quiet place, hiccups can be <u>humiliating</u>.

≫ 조용한 곳에서 다른 사람들과 함께 있을 때, 딸꾹질이 나면 창피할 수 있다.

:: humor

의 미	㉣ 만족시키다, 비위를 맞추다
형 태	3인칭 단수 현재형: humors / 과거형: humored 과거 분사형: humored / -ing형: humoring 명사형: humor(유머, 익살, 기분) / 형용사형: humorous(유머러스한, 익살스러운, 재밌는), humorless(유머가 없는)

I don't intend to <u>humor</u> your whims.

≫ 나는 당신의 변덕에 비위를 맞춰줄 생각이 없다.

He thought it best to <u>humor</u> her rather than get into an argument.

≫ 그는 논쟁을 벌이는 것 보다는 그녀의 비위를 맞춰주는 것이 최선이라고 생각했다.

I like people with sense of <u>humor</u>.

≫ 나는 유머 감각이 있는 사람들을 좋아한다.

Make a habit of looking at the <u>humorous</u> and bright side in a situation.

≫ 어떠한 상황에서도 재밌고 밝은 면을 보려는 습관을 기르세요.

:: hunger

의 미	㉜ 갈망하다, 열망하다, …하고 싶어하다
형 태	3인칭 단수 현재형: hungers / 과거형: hungered 과거 분사형: hungered / −ing형: hungering 명사형: hunger(굶주림, 기아, 갈망, 열망) 형용사형: hungry(배고픈, 부족한, 기아의)

A lot of people hunger after financial success.

≫ 많은 사람들은 금전상의 성공을 갈망한다.

He hungers to meet her.

≫ 그는 그녀를 몹시 만나고 싶어 한다.

Many people in the world are suffering from hunger.

≫ 세상의 많은 사람들은 배고픔으로 고통 받고 있다.

If you are hungry at night, try drinking a glass of milk.

≫ 밤에 배가 고프다면, 우유 한잔을 마시도록 하세요.

:: hunt

의 미	㉤ ㉜ 사냥하다, 포획하다, 뒤지다, 찾다, 추적하다, 쫓다
형 태	3인칭 단수 현재형: hunts / 과거형: hunted 과거 분사형: hunted / −ing형: hunting 명사형: hunt(사냥), hunting(사냥), hunter(사냥꾼) 형용사형: hunted(쫓기는 듯한)

Some eagles can <u>hunt</u> big mammals such as foxes, young deer, and goats.

>> 어떤 독수리들은 여우, 어린 사슴, 그리고 염소와 같이 큰 포유동물들도 사냥할 수 있다.

The government decided not to <u>hunt</u> humpback whales for at least two years.

>> 정부는 최소 2년 동안 혹등고래를 포획하지 않기로 결정했다.

Bullfight and <u>hunting</u> are long traditions in some European countries.

>> 투우와 사냥은 몇몇 유럽 국가들의 오랜 전통이다.

His eyes had a <u>hunted</u> look.

>> 그의 눈에는 쫓기는 듯한 표정이 어려 있었다.

:: hurl

의 미	㉣ 던지다, 투척하다, 욕설을 퍼붓다
형 태	3인칭 단수 현재형: hurls / 과거형: hurled 과거 분사형: hurled / -ing형: hurling 명사형: hurl(투척), hurler(던지는 사람, 투수), hurling(던지기, 던짐), hurly-burly(대소동, 야단법석)

Some students tear uniforms and <u>hurl</u> eggs or flour at each other after the graduation.

>> 몇몇 학생들은 졸업식이 끝난 후에 교복을 찢고, 서로에게 계란이나 밀가루를 던진다.

A soldier bullied by senior comrades <u>hurled</u> a grenade into the barracks.

» 선임병에게 괴롭힘을 당해 오던 한 병사가 막사에 수류탄을 투척했다.

Rioters <u>hurled</u> a brick through the car's windscreen.

» 폭도들이 그 자동차의 앞 유리창에 벽돌을 던졌다.

The Yankees' right-handed <u>hurler</u> will be back in action if his condition improves in the next couple of weeks.

» 양키즈의 오른손잡이 투수는 그의 상태가 다음 2-3주 내에 호전된다면 복귀할 것이다.

:: hurry

의 미	団 재촉하다, 급히 하다 困 서두르다, 급히 하다, 급히 가다
형 태	3인칭 단수 현재형: hurries / 과거형: hurried 과거 분사형: hurried / –ing형: hurrying 명사형: hurry(서두르기, 서두를 필요), hurrying(서두르기, 재촉하기) 형용사형: hurried(서둘러 하는)

I wish we could <u>hurry</u> and finish this project.

» 나는 우리가 서둘러서 이 프로젝트를 빨리 끝내기를 바란다.

<u>Hurry</u> up! We are late for the meeting.

» 서두르세요! 우리는 미팅에 늦었어요.

There's no <u>hurry</u> about it.

» 그것에 대해서 서두를 필요가 없다.

We went out after a <u>hurried</u> dinner.

≫ 우리는 서둘러 저녁식사를 하고 밖으로 나갔다.

:: hurt

의 미	圈 다치게 하다. 기분을 상하게 하다. 손상시키다 圈 다치다. 아프다
형 태	3인칭 단수 현재형: hurts / 과거형: hurt 과거 분사형: hurt / –ing형: hurting 명사형: hurt(상처) / 형용사형: hurt(다친, 상처를 입은, 기분이 상한), hurtable(다치게 할 수 있는), hurtful(해로운), hurtless(무해한)

He was seriously <u>hurt</u> in the accident.

≫ 그는 사고로 심하게 다쳤다.

He was deeply <u>hurt</u> by her criticism.

≫ 그녀의 비평에 그의 기분이 크게 상했다.

My throat <u>hurts</u> because of the yellow sand.

≫ 황사 때문에 나는 목이 아프다.

The <u>hurt</u> took a long time to heal.

≫ 그 상처는 치유되는 데 오랜 시간이 걸렸다.

:: hush

의 미	㉣ 조용하게 하다, 은폐하다, 쉬쉬하다, 진정시키다 ㉕ 조용히 하다
형 태	3인칭 단수 현재형: hushes / 과거형: hushed 과거 분사형: hushed / −ing형: hushing 명사형: hush(침묵, 고요, 조용함) 형용사형: hushed(조용한), hushful(조용히 하는, 억누르는)

He told me to hush.

≫ 그는 나에게 조용히 하라고 말했다.

She hushed up the kids so he can watch TV in peace.

≫ 그녀는 그가 편안히 TV를 볼 수 있도록 애들을 조용히 시켰다.

The government hushed up the bribery scandal.

≫ 정부는 뇌물 스캔들을 쉬쉬하며 은폐했다.

There was a deathly hush in the hall.

≫ 그 홀 안은 쥐 죽은 듯이 고요했다.

:: hustle

의 미	㉣ 밀고 나아가다, 재촉하다 ㉕ 서두르다, 난폭하게 밀다
형 태	3인칭 단수 현재형: hustles / 과거형: hustled 과거 분사형: hustled / −ing형: hustling 명사형: hustle(서두름, 소동, 혼잡, 사기), hustler(사기꾼) 형용사형: hustling(거칠게 밀어붙이는)

He <u>hustled</u> off to catch the train.

≫ 그는 기차를 타기 위해 서둘러 나섰다.

Someone <u>hustled</u> against me in the elevator.

≫ 누군가가 엘리베이터 안에서 나를 거칠게 떠밀었다.

A lot of people want to escape from the <u>hustle</u> and bustle of the city life.

≫ 많은 사람들은 도시 생활의 혼잡과 소란스러움으로부터 벗어나고 싶어 한다.

The tennis player was not well-prepared for his rival's <u>hustling</u> style.

≫ 그 테니스 선수는 그의 경쟁자의 거칠게 밀어붙이는 스타일에 잘 준비하지 못했다.

:: hypnotize

의 미	㉺ 최면을 걸다, 매료시키다
형 태	3인칭 단수 현재형: hypnotizes / 과거형: hypnotized 과거 분사형: hypnotized / -ing형: hypnotizing 명사형: hypnotization(최면), hypnotizer(최면술사) 형용사형: hypnotic(최면을 일으키는, 최면을 거는 듯한)

Stop trying to <u>hypnotize</u> me.

≫ 나에게 최면을 걸려고 하지 마세요.

Her voice is beautiful enough to <u>hypnotize</u> the audience.

≫ 그녀의 목소리는 청중들을 매료시키기에 충분히 아름답다.

He stood up slowly as if <u>hypnotized</u>.

≫ 그는 마치 최면에 걸린 것처럼 천천히 일어났다.

The mother's voice has a <u>hypnotic</u> effect on her baby.

≫ 엄마의 목소리는 아기를 잠재우는 효과가 있다.

04 ::

ice, idealize, identify, idle, idolize, ignite, ignore, illuminate, illustrate, imag   mitate, immerse, immigrate, immobilize, immortalize, immunize, impact, impair, in   onate, implant, implement, implicate, implore, imply, import, impose, impove   mpress, imprint, imprison, improve, improvise, impute, inaugurate, incapacitate   arnate, incline, include, inconvenience, incorporate, increase, incriminate, incu , incur, index, indicate, individualize, individuate, induce, indulge, industrialize,   t, infer, inflame, inflate, inflict, influence, inform, infuse, inhabit, inhale, inherit, in   nitiate, inject, injure, inquire, inscribe, insert, insist, inspect, inspire, install, institu   nstruct, insult, insure, integrate, intend, intensify, interact, intercept, interchan   nterest, interfere, interpose, interpret, interrelate, interrogate, interrupt, intersec   ervene, interview, intrigue, introduce, intrude, invade, invalidate, invent, in   invest, investigate, invite, invoke, involve, irrigate, irritate, isolate, issue, italicize

:: ice

의 미	㊀ 얼음으로 덮다, 얼음으로 차게 하다 �자 얼다, 얼음에 덮이다
형 태	3인칭 단수 현재형: ices / 과거형: iced 과거 분사형: iced / -ing형: icing 명사형: ice(얼음, 빙하) / 형용사형: ice(얼음의, 빙상의), icy(얼음 같은, 쌀쌀맞은), icelike(얼음 같은), iceless(얼음이 없는)

The stream was iced over.

≫ 그 개울은 얼음으로 뒤덮였다.

Ice the soda, please.

≫ 소다수를 차게 해 주세요.

It may take a year for the ice to dissolve.

≫ 그 얼음이 녹는 데는 1년이 걸릴 수도 있다.

The icy wind chilled me to the bone.

≫ 얼음 같이 찬바람은 나를 뼈 속까지 춥게 만들었다.

:: idealize

의 미	㊀ �자 이상화하다, 이상적인 것으로 생각하다
형 태	3인칭 단수 현재형: idealizes / 과거형: idealized 과거 분사형: idealized / -ing형: idealizing 명사형: ideal(이상, 전형), idealization(이상화) 형용사형: ideal(이상적인, 가장 알맞은, 완벽한), idealized(이상화한)

A lot of people <u>idealize</u> the past.

≫ 많은 사람들은 과거를 이상화한다.

The painter tried to <u>idealize</u> the rhythm of life and spiritual liberty.

≫ 그 화가는 삶의 리듬과 영혼의 자유를 이상화하려고 노력했다.

Socrates is the <u>ideal</u> of a wise man.

≫ 소크라테스는 현명한 인간의 전형이다.

Good weather has provided a <u>ideal</u> condition for golf today.

≫ 좋은 날씨가 오늘 골프치기에 최적의 조건을 제공해 준다.

:: identify

의 미	㉺ 동일한 것임을 입증하다, 알아보다, 식별하다, 동일시하다
형 태	3인칭 단수 현재형: identifies / 과거형: identified 과거 분사형: identified / −ing형: identifying 명사형: identity(신분, 정체), identification(신원 확인) 형용사형: identified(확인된), identifiable(인식 가능한, 식별할 수 있는)

She <u>identified</u> her bag as hers by telling what it contained.

≫ 그녀는 그 가방 속에 들어있는 것을 말해서 그 가방이 자신의 것임을 입증했다.

The experts introduced a technique that greatly speeds up <u>identifying</u> diseases.

≫ 그 전문가들은 질병을 식별하는 속도를 크게 향상시키는 기술을 개발했다.

No further details of the man's <u>identity</u> have been revealed so far.
» 그 남자의 신원에 대한 어떠한 자세한 세부사항도 지금까지 밝혀지지 않았다.

Uniforms make members of staff <u>identifiable</u> in the workplace.
» 유니폼은 직장에서 직원들을 식별할 수 있도록 해준다.

:: idle

의 미	㉣㉣ 빈둥거리다, 게으름 피우다, 헛되이 보내다
형 태	3인칭 단수 현재형: idles / 과거형: idled 과거 분사형: idled / –ing형: idling 명사형: idleness(게으름, 나태함), idler(게으름뱅이) 형용사형: idle(한가한, 게으른, 무의미한)

He <u>idles</u> away his time by watching TV.
» 그는 TV를 보면서 시간을 헛되이 보낸다.

Do you intend to <u>idle</u> around all day?
» 당신은 하루 종일 빈둥거릴 작정입니까?

His <u>idleness</u> can account for his failure.
» 그의 나태함은 그의 실패의 원인이 될 수 있다.

Don't listen to that <u>idle</u> talk.
» 그런 쓸데없는 이야기는 듣지 마세요.

:: idolize

의 미	㉠ ㉨ 숭배하다, 우상화하다, 심취하다, 열광하다
형 태	3인칭 단수 현재형: idolizes / 과거형: idolized 과거 분사형: idolized / −ing형: idolizing 명사형: idol(아이돌, 우상, 스타), idolizer(숭배하는 사람) 형용사형: idol(인기 있는), idolized(숭배 받는)

They launched a large-scale campaign to <u>idolize</u> their leader.

≫ 그들은 그들의 지도자를 우상화하기 위해 대규모의 캠페인을 벌였다.

Many teenagers <u>idolized</u> the Beatles.

≫ 많은 십대들은 비틀즈를 우상화했다.

Transformation can be difficult when a pop <u>idol</u> decides to jump into acting.

≫ 팝 아이돌 가수가 갑자기 연기를 하려고 결정했을 때, 변신이 어려울 수도 있다.

There are many talented <u>idol</u> stars who we can respect.

≫ 우리가 존경할 만한 재능 있는 아이돌 스타들이 많이 있다.

:: ignite

의 미	㉠ ㉨ 불을 붙이다, 도화선이 되다, 점화하다, 연소시키다
형 태	3인칭 단수 현재형: ignites / 과거형: ignited 과거 분사형: ignited / −ing형: igniting 명사형: ignition(시동장치, 점화) 형용사형: ignitable(가연성의, 발화성이 있는, 불붙기 쉬운)

The boom for overseas education was <u>ignited</u> in the early 2000s.

≫ 해외교육의 붐은 2000년대 초에 불이 붙기 시작했다.

The storming of the Bastille <u>ignited</u> the French Revolution.

≫ 바스티유 습격사건은 프랑스 혁명의 도화선이 되었다.

He climbed into the car and turned on the <u>ignition</u>.

≫ 그는 차에 올라타서 시동을 걸었다.

Some of them are <u>ignitable</u> and dangerous.

≫ 그것들 중 어떤 것들은 발화성이 있어 위험하다.

:: ignore

의 미	㉣ 무시하다, 묵살하다, 간과하다, 못보고 지나치다
형 태	3인칭 단수 현재형: ignores / 과거형: ignored 과거 분사형: ignored / -ing형: ignoring 명사형: ignorance(무지, 무식) / 형용사형: ignorant(무지한, 모르는, 생소한, 눈치채지 못한), ignored(무시된, 주의를 주지 않은)

Don't <u>ignore</u> your subordinates.

≫ 손아랫사람들을 무시하지 마세요.

Drivers often speed and <u>ignore</u> the rules of the road.

≫ 운전자들은 흔히 속도를 내고, 도로 규칙을 무시한다.

<u>Ignorance</u> of the law is no excuses.

≫ 법을 몰랐다는 것은 변명이 될 수 없다.

They seem to be completely <u>ignorant</u> about the social graces.

>> 그들은 예의범절에 대해 완전히 무지한 것 같다.

:: illuminate

의 미	㉦ 조명하다, 밝게 비추다, 분명히 하다, 등으로 장식하다
형 태	3인칭 단수 현재형: illuminates / 과거형: illuminated 과거 분사형: illuminated / –ing형: illuminating 명사형: illumination(조명, 전등장식, 조명장치) 형용사형: illuminating(이해를 돕는), illuminative(조명의)

The zones will be <u>illuminated</u> with colorful street and ground lights at night.

>> 밤에는 다채로운 거리등과 바닥조명으로 이 구역을 밝게 비출 것이다.

The focus of the probe will be to <u>illuminate</u> the truth.

>> 수사의 초점은 진실을 밝히는 데 맞춰질 것이다.

It was a good idea to set up <u>illuminations</u> on the Kwang-an Bridge.

>> 광안대교에 조명을 설치하는 것을 좋은 아이디어였다.

We didn't find the examples he used specially <u>illuminating</u>.

>> 우리는 그가 사용한 예시가 특별히 이해를 돕는다고 생각하진 않았다.

:: illustrate

의 미	타 설명하다, 예시하다, 삽화를 넣다 자 실례로써 명확히 하다
형 태	3인칭 단수 현재형: illustrates / 과거형: illustrated 과거 분사형: illustrated / -ing형: illustrating 명사형: illustration(예시, 설명), illustrator(삽화가) 형용사형: illustrated(삽화가 들어있는)

This chart illustrates the basic principles underlying personnel management.
≫ 이 차트에는 인사관리에 내재된 기본원리가 예시되어 있다.

Books for children are illustrated with a lot of pictures.
≫ 어린이용 책에는 많은 그림들이 삽화로 넣어진다.

An illustration will make the point clear.
≫ 예를 하나 들면 그 점은 확실해질 것이다.

An illustrator draws pictures for books and magazines.
≫ 삽화가는 책과 잡지에 그림을 그린다.

:: imagine

의 미	타 상상하다, 생각하다, 여기다, 짐작하다
형 태	3인칭 단수 현재형: imagines / 과거형: imagined 과거 분사형: imagined / -ing형: imagining 명사형: image(이미지, 인상), imagination(상상력) 형용사형: imaginary(가상의), imaginative(창의적인, 상상력이 풍부한)

The results were far beyond what golf fans had <u>imagined</u>.
>> 그 결과는 골프 팬들이 상상했었던 것 이상이었다.

I can't <u>imagine</u> what it is.
>> 나는 그것이 무엇인지 짐작할 수가 없다.

Life would be boring if we don't use our <u>imagination</u>.
>> 만약 우리가 상상력을 사용하지 않는다면, 인생은 지루할 것이다.

The heroin of this film is an <u>imaginary</u> person.
>> 이 영화의 여주인공은 가상의 인물이다.

:: imitate

의 미	㉺ 모방하다, 흉내 내다, 본받다, 위조하다
형 태	3인칭 단수 현재형: imitates / 과거형: imitated 과거 분사형: imitated / −ing형: imitating 명사형: imitation(모방, 모조품) / 형용사형: imitated(모조의, 가짜의), imitative(모방적인), imitational(모조의, 인조의)

Parrots can learn to <u>imitate</u> sounds and repeat words and phrases.
>> 앵무새들은 소리를 흉내 내고, 단어와 구문을 반복하는 것을 배울 수 있다.

Children may try to <u>imitate</u> the behaviors they see on screen.
>> 어린이들은 그들이 화면에서 본 행동들을 모방하려고 할지도 모른다.

As creativity starts with <u>imitation</u>, 'copycats' soon become creators, too.
>> 창조는 처음에 모방으로 시작되므로, '카피캣'(모방하는 사람)도 또한 곧 창조자가 된다.

Babies of eight to twelve months are generally highly <u>imitative</u>.

》 8개월에서 12개월 사이의 아기들은 일반적으로 매우 모방적이다.

:: immerse

의 미	㉆ 몰두시키다, 몰입시키다, 열중시키다, 액체 속에 담그다
형 태	3인칭 단수 현재형: immerses / 과거형: immersed 과거 분사형: immersed / –ing형: immersing 명사형: immersion(몰입, 몰두) 형용사형: immersed(몰두하는, 몰입하는), immersible(내수성의)

<u>Immersing</u> yourself in another country's culture can enhance your global understanding.

》 다른 나라의 문화에 몰두하면, 당신은 세계에 대한 이해력을 증진시킬 수 있다.

He is known for fully <u>immersing</u> himself in his role in every film.

》 그는 모든 영화마다 그의 역할에 완전히 몰입하는 것으로 유명하다.

<u>Immersion</u> classes helped students to improve their listening skills.

》 몰입 수업은 학생들이 그들의 듣기능력을 향상시키는 데 도움이 되었다.

Most people tend to become <u>immersed</u> better when doing things they like to do.

》 대부분의 사람들은 자신이 하고 싶은 일을 할 때, 몰입을 더 잘하는 경향이 있다.

:: immigrate

의 미	㉻ 이주시키다 ㉏ 이주하다, 이민하다
형 태	3인칭 단수 현재형: immigrates / 과거형: immigrated 과거 분사형: immigrated / -ing형: immigrating 명사형: immigration(이민, 출입국 관리), immigrant(이민자) 형용사형: immigrant(이주해 오는)

Every year, there are thousands of applicants hoping to **immigrate** to France.

≫ 해마다, 프랑스로 이민하기를 희망하는 수많은 신청자들이 있다.

To seek a better education, a lot of Koreans **immigrated** to the U. S.

≫ 더 나은 교육을 추구하기 위해, 많은 한국 사람들이 미국으로 이민 갔다.

Their status depends on the citizenship and **immigration** status of their parents.

≫ 그들의 신분은 그들 부모의 시민권과 이민 상태에 따라 달라진다.

Every year, hundreds of **immigrant** workers come to Korea for jobs.

≫ 매년, 수많은 이주 노동자들이 일자리를 찾으러 한국에 온다.

:: immobilize

의 미	㉻ 움직일 수 없게 하다, 활동을 방해하다, 고정시키다
형 태	3인칭 단수 현재형: immobilizes / 과거형: immobilized 과거 분사형: immobilized / -ing형: immobilizing 명사형: immobilization(고정시킴), immobilizer(자동차 도난 방지 장치) 형용사형: immobilized(고정된)

The hurricane **immobilized** the airlines.

>> 그 허리케인은 항공로를 마비시켰다.

He was **immobilized** by conflict and indecision.

>> 그는 갈등과 망설임으로 꼼짝할 수 없었다.

The navy was **immobilized** by lack of fuel.

>> 해군은 연료 부족으로 움직일 수 없게 되었다.

In order to avoid thievery, engine **immobilizer** was installed.

>> 절도를 피하기 위하여, 자동차 도난 방지기가 설치되었다.

:: immortalize

의 미	㉺ 불멸하게 하다, 영원성을 부여하다, 불멸의 명성을 부여하다
형 태	3인칭 단수 현재형: immortalizes / 과거형: immortalized 과거 분사형: immortalized / -ing형: immortalizing 명사형: immortality(불멸), immortalization(불멸화) 형용사형: immortal(불멸의), immortalized(불멸의)

Ivinskaya was **immortalized** as the character of Lara in Doctor Zhivago.

>> Ivinskaya는 닥터 지바고에서 라라의 역할로 영원불멸의 명성을 얻었다.

His name was **immortalized** in William Shakespeare's play.

>> 그의 이름은 윌리엄 셰익스피어의 희곡에서 영원불멸의 명성을 얻었다.

The idea of **immortality** has long fascinated mankind.

>> 불멸에 대한 생각은 오랫동안 인류를 매료시켜왔다.

Vampires are dangerous, <u>immortal</u>, and evil.

≫ 뱀파이어들은 위험하고, 죽지 않으며, 사악하다.

:: immunize

의 미	㉧ 면역성을 주다, 예방주사를 놓다
형 태	3인칭 단수 현재형: immunizes / 과거형: immunized 과거 분사형: immunized / -ing형: immunizing 명사형: immunity(면역력), immunization(면역, 면역 조치) 형용사형: immune(면역성이 있는)

Health professionals should all be <u>immunized</u>.

≫ 의료전문가들은 모두 예방접종을 받아야 한다.

Vaccines to <u>immunize</u> the students would be good.

≫ 학생들에게 면역력을 줄 수 있는 백신이 좋을 것이다.

The vaccine provides longer <u>immunity</u> against flu.

≫ 그 백신은 독감에 대한 면역력을 오래 지속시켜준다.

Adults are often <u>immune</u> to German measles.

≫ 성인들은 보통 풍진에 면역성이 있다.

:: impact

의 미	㉤ ㉭ 영향을 주다, 충격을 주다, 충돌하다
형 태	3인칭 단수 현재형: impacts / 과거형: impacted 과거 분사형: impacted / –ing형: impacting 명사형: impact(영향, 충격, 충돌), impacter(충격을 주는 사람이나 장치) 형용사형: impactful(영향력이 강한), impactive(충격적인)

His father's death **impacted** greatly on his childhood.

》 그의 아버지의 죽음은 그의 어린 시절에 큰 영향을 끼쳤다.

The decision may **impact** your whole career.

》 그 결정은 당신의 일생에 영향을 끼칠지도 모른다.

In general, globalization has a strong **impact** on the economy and world peace.

》 일반적으로, 세계화는 경제와 세계 평화에 강한 영향을 미친다.

They hope that a lot of people will take part in this **impactful** campaign.

》 그들은 많은 사람들이 이러한 영향력 있는 캠페인에 동참해주기를 바란다.

:: impair

의 미	㉤ 손상시키다, 해치다, 악화시키다
형 태	3인칭 단수 현재형: impairs / 과거형: impaired 과거 분사형: impaired / –ing형: impairing 명사형: impairment(손상, 장애), impairer(손상시키는 사람) 형용사형: impaired(손상된)

Dementia is a brain illness that severely <u>impairs</u> memory and reasoning ability.

≫ 치매는 기억력과 추론 능력을 심각하게 손상시키는 두뇌 질환이다.

Excessive fat accumulation that <u>impairs</u> health is known as obesity.

≫ 건강을 해치는 지방의 과다 축적은 비만이라고 알려져 있다.

He has a visual <u>impairment</u> in the right eye.

≫ 그는 오른쪽 눈에 시각 장애를 지니고 있다.

The blast left him with permanently <u>impaired</u> hearing.

≫ 그 폭발로 인해, 그는 영구적으로 손상된 청력을 지니게 되었다.

:: impersonate

의 미	㉣ 남을 속이기 위해 가장하다, 대역을 하다, 사칭하다, 흉내 내다
형 태	3인칭 단수 현재형: impersonates / 과거형: impersonated 과거 분사형: impersonated / –ing형: impersonating 명사형: impersonator(흉내를 내는 사람), impersonation(사칭) 형용사형: impersonate(흉내 내는)

Someone stole your personal information to <u>impersonate</u> you.

≫ 누군가가 당신으로 가장하기 위해서 당신의 개인정보를 훔쳐갔다.

During the second Gulf War, a look alike <u>impersonated</u> Saddam Hussein.

≫ 제 2차 걸프전 동안, 사담 후세인과 똑같이 생긴 사람이 그의 행세를 했다.

He was caught trying to <u>impersonate</u> a safety guard.

» 그는 보안요원으로 행세하려다 붙잡혔다.

In the popular Korean program, a famous singer and some <u>impersonators</u> of the singer appear.

» 한국의 인기 있는 한 프로그램에서는, 유명한 가수와 그 가수의 모창자들이 등장한다.

:: implant

의 미	웹 심다, 뿌리내리게 하다, 주입하다, 이식하다
형 태	3인칭 단수 현재형: implants / 과거형: implanted 과거 분사형: implanted / –ing형: implanting 명사형: implant(임플랜트, 인체에 주입하는 물질), implantation(심기, 이식, 주입) / 형용사형: implantable(이식할 수 있는)

The government tried to <u>implant</u> loyalty in its citizens.

» 정부는 국민들에게 애국심을 심어주려고 노력했다.

Prejudices can easily become <u>implanted</u> in the mind.

» 편견은 사람의 마음속에 쉽게 뿌리내리게 될 수 있다.

In September, she received an ear <u>implant</u>.

» 9월에 그녀는 청각 임플랜트 시술을 받았다.

It's edible and <u>implantable</u> in the human body without any immune response.

» 그것은 식용 가능하고, 어떠한 면역 반응 없이 인체에 주입할 수 있다.

:: implement

의 미	㉺ 시행하다, 실시하다, 실행하다
형 태	3인칭 단수 현재형: implements / 과거형: implemented 과거 분사형: implemented / -ing형: implementing 명사형: implement(도구, 용구), implementation(이행, 실행) 형용사형: implemental(도구의, 도움이 되는)

They will <u>implement</u> new policies and reshape old ones.
》 그들은 새로운 정책들을 시행하고, 낡은 정책들을 고칠 것이다.

The five-day work week was <u>implemented</u> in the country for the first time in 2004.
》 주 5일 근무제가 2004년에 처음으로 우리나라에서 시행되었다.

Care should be taken when handling sharp <u>implements</u> such as knives or scissors.
》 칼이나 가위와 같은 날카로운 도구를 다룰 때에는 주의해야 한다.

They may need to scrutinize their plans before their <u>implementation</u>.
》 그들은 실행하기 전에 그들의 계획을 면밀히 검토할 필요가 있다.

:: implicate

의 미	㉺ 연루시키다, 연루되어 있음을 나타내다, 관련시키다, 함축하다
형 태	3인칭 단수 현재형: implicates / 과거형: implicated 과거 분사형: implicated / -ing형: implicating 명사형: implication(영향, 함축) / 형용사형: implicational(함축적인), implicative(함축적인), implicated(연루된)

This evidence __implicates__ them in the robbery.

≫ 이러한 증거는 그들이 강도사건에 연루되어있다는 것을 나타낸다.

He is the third superintendent to be __implicated__ in a corruption scandal.

≫ 그는 부패 스캔들에 연루된 세 번째 감독이다.

This accident could have serious __implications__ for the government's nuclear policy.

≫ 이러한 사고는 정부의 원자력 정책에 심각한 영향을 끼칠 수 있다.

All the parties __implicated__ in the case should learn a painful lesson from the tragedy.

≫ 그 사건에 연루된 모든 당사자들은 그 비극으로부터 고통스런 교훈을 배워야 한다.

:: implore

의 미	卧 邪 간청하다, 애원하다, 탄원하다
형 태	3인칭 단수 현재형: implores / 과거형: implored 과거 분사형: implored / -ing형: imploring 명사형: imploration(애원), implorer(애원하는 사람) 형용사형: imploratory(애원하는), imploring(애원하는)

Fifty-nine world leaders __implored__ the Myanmar government to let her go.

≫ 59개국 세계 지도자들은 미얀마 정부에게 그녀를 석방하라고 탄원했다.

She __implored__ her mother to give permission for her to go on the trip.

≫ 그녀는 여행가는 것을 허락해 달라고 그녀의 어머니에게 애원했다.

He <u>implored</u> her not to leave him.

≫ 그는 그녀에게 떠나지 말라고 애원했다.

She looked at him with <u>imploring</u> eyes.

≫ 그녀는 애원하는 눈빛으로 그를 쳐다보았다.

:: imply

의 미	㉤ 함축하다, 내포하다, 수반하다, 의미하다, 암시하다
형 태	3인칭 단수 현재형: implies / 과거형: implied 과거 분사형: implied / -ing형: implying 명사형: implication(함축, 영향) / 형용사형: implicative(함축적인), implied(함축된, 내재된, 암시된), implicit(암시된, 내포된)

Rights <u>imply</u> obligations.

≫ 권리에는 반드시 의무가 수반된다.

Simply put, 'Madam' <u>implies</u> or highlights her prestigious position.

≫ 간단히 말해서, '마담'이라는 호칭은 그녀의 명성 있는 지위를 함축하거나 강조한다.

The <u>implication</u> in their argument is that they should have equal rights.

≫ 그들의 주장에 함축된 내용은, 그들이 평등한 권리를 지녀야 한다는 것이다.

Comparisons favorable to someone can be a <u>implied</u> criticism of the others.

≫ 누군가를 선호하는 비교는, 다른 사람들에 대한 함축적인 비판이 될 수 있다.

:: import

의 미	㉤ 수입하다, 들여오다
형 태	3인칭 단수 현재형: imports / 과거형: imported 과거 분사형: imported / −ing형: importing 명사형: import(수입, 수입품) 형용사형: imported(수입된), importable(수입할 수 있는)

Our nation is <u>importing</u> agricultural goods, seafood, and minerals.

≫ 우리나라는 농산물, 해산물, 그리고 광물을 수입하고 있다.

China is <u>importing</u> millions of chopsticks from the U.S.

≫ 중국은 미국으로부터 수백만 개의 젓가락을 수입하고 있다.

All items coming from other countries are subject to a 30% <u>import</u> tax.

≫ 다른 나라로부터 들여오는 모든 물품들은 30%의 수입세를 내야 한다.

There is no specific regulation on the <u>importable</u> concentration level of nicotine.

≫ 수입할 수 있는 니코틴의 농도에 대해서는 특별한 규정이 없다.

:: impose

의 미	㉤ 부과하다, 가하다, 시행하다, 강요하다
형 태	3인칭 단수 현재형: imposes / 과거형: imposed 과거 분사형: imposed / −ing형: imposing 명사형: imposition(부과), imposer(부과권자) 형용사형: imposed(부과된), imposable(부과할 수 있는)

A new tax has been **imposed** on cigarettes.

≫ 담배에 새로운 세금이 부과되었다.

We need to consider **imposing** a ban on smoking while walking.

≫ 우리는 보행 중 흡연에 대한 금지조치를 시행하는 것을 고려할 필요가 있다.

The clergy have enjoyed the privilege in the **imposition** of taxes.

≫ 성직자들은 세금 부과에 있어서 특권을 누려왔다.

In a sense, it was a self-**imposed** dilemma.

≫ 어떤 의미로는, 그것은 스스로 초래한 곤경이었다.

:: impoverish

의 미	㉣ 빈곤하게 하다, 저하시키다
형 태	3인칭 단수 현재형: impoverishes / 과거형: impoverished 과거 분사형: impoverished / –ing형: impoverishing 명사형: impoverishment(빈곤, 질의 저하) 형용사형: impoverished(빈곤한)

Such an attempt can **impoverish** the already suffering population further.

≫ 그와 같은 시도는 이미 고통 받고 있는 국민들을 더욱 더 빈곤하게 만들 수 있다.

A long period of isolation **impoverishes** the soul.

≫ 오랫동안의 외부로부터의 고립은 정신력을 저하시킨다.

Despite famine and <u>impoverishment</u>, North Korea has the world's fifth military.

≫ 기아와 빈곤에도 불구하고, 북한은 세계에서 다섯 번째 규모의 군대를 가지고 있다.

He was known for charging high interest to <u>impoverished</u> people.

≫ 그는 가난한 사람들에게 높은 이자를 청구한 것으로 알려져 있다.

:: impress

의 미	㉤ 깊은 인상을 주다, 감동을 주다, 감동시키다
형 태	3인칭 단수 현재형: impresses / 과거형: impressed 과거 분사형: impressed / –ing형: impressing 명사형: impression(인상) / 형용사형: impressive(인상적인), impressing(감동시키는), impressible(다감한)

I was deeply <u>impressed</u> by his words.

≫ 나는 그의 말에 깊은 감동을 받았다.

Books never <u>impress</u> all the readers in the same way.

≫ 책은 모든 독자들에게 결코 똑같은 인상을 주지는 않는다.

When you meet someone for the first time, you get an <u>impression</u> about that person.

≫ 당신이 어떤 사람을 처음 만나면, 당신은 그 사람에 대해 어떤 인상을 갖게 된다.

We saw an <u>impressive</u> fireworks display on Christmas day.

≫ 우리는 크리스마스 날에 인상적인 불꽃놀이를 구경했다.

:: imprint

의 미	囹 기억에 새기다, 강한 인상을 주다, 각인시키다
형 태	3인칭 단수 현재형: imprints / 과거형: imprinted 과거 분사형: imprinted / -ing형: imprinting 명사형: imprint(각인, 자국, 흔적, 인상), imprinter(찍는 것, 강한 인상을 주는 사람)

Her features were firmly <u>imprinted</u> on his memory.

≫ 그녀의 모습은 그의 기억 속에 깊이 새겨져 있었다.

You should write with your hands if you want to <u>imprint</u> knowledge on your brain.

≫ 당신은 머릿속에 지식을 각인시키고 싶다면, 손으로 써야 한다.

The fantastic scenery will be <u>imprinted</u> on the canvas of my mind for a long time.

≫ 그 환상적인 풍경은 오랫동안 내 마음의 캔버스에 새겨져 있을 것이다.

Their faces show the <u>imprint</u> of long deprivation.

≫ 그들의 얼굴에는 오랜 궁핍 생활의 흔적이 나타나 있다.

:: imprison

의 미	㉫ 수감하다, 구속하다, 가두다
형 태	3인칭 단수 현재형: imprisons / 과거형: imprisoned 과거 분사형: imprisoned / −ing형: imprisoning 명사형: imprisonment(투옥, 구속), imprisoner(투옥시키는 사람) 형용사형: imprisoned(수감된)

In 1849, Dostoevsy was **imprisoned** and sentenced to death.

≫ 1849년에, 도스토예프스키는 구속되어 사형을 선고받았다.

Unfortunately **imprisoning** the offender places an intolerable burden on his family.

≫ 불행하게도 범죄자 구속은 그의 가족에게 참을 수 없는 짐을 지게 만든다.

Perjury in a serious court case can result in life **imprisonment**.

≫ 중대한 재판 사건에서의 위증은 종신형에 이르게 할 수 있다.

The **imprisoned** Chinese Human Rights activist won the Nobel Peace Prize.

≫ 수감 중인 중국의 인권운동가가 노벨 평화상을 수상했다.

:: improve

의 미	㉫ 개선시키다, 향상시키다, 증진시키다 ㉘ 개선하다, 향상하다
형 태	3인칭 단수 현재형: improves / 과거형: improved 과거 분사형: improved / −ing형: improving 명사형: improvement(개선) 형용사형: improving(개선하는, 진전하는, 유익한), improved(개선된)

If you want to **improve** your memory, exercise every day.

》 당신이 기억력을 증진시키고 싶다면, 매일 운동하세요.

When you laugh, you can release stress and **improve** your mood.

》 웃으면, 스트레스도 없어지고 기분도 나아질 수 있다.

It is a big **improvement** and has changed her life.

》 그것은 커다란 발전이고, 그녀의 삶을 바꾸었다.

We want to look into **improved** trade relations.

》 우리는 개선된 무역 관계를 기대한다.

:: improvise

의 미	타 즉흥적으로 하다, 즉석에서 처리하다
형 태	3인칭 단수 현재형: improvises / 과거형: improvised 과거 분사형: improvised / –ing형: improvising 명사형: improvisation(즉흥적으로 하기), improviser(즉석 연주자) 형용사형: improvisatory(즉석의, 즉흥의)

Wise people know how to **improvise**.

》 현명한 사람들은 즉흥적으로 처리하는 방법을 안다.

Jazz musicians are good at **improvising** melodies.

》 재즈 뮤지션들은 멜로디를 즉흥적으로 잘 만든다.

He has a worldwide reputation as a brilliant organist and **improviser**.

》 그는 훌륭한 오르간 연주자이자 즉흥 연주자로서 세계적인 명성을 지니고 있다.

His **improvisatory** style is very distinctive and can be identified at first hearing.

>> 그의 즉흥적인 연주 기법은 매우 독특해서 처음 듣고도 식별될 수 있다.

:: impute

의 미	㉜ 전가하다, 돌리다, 귀속시키다
형 태	3인칭 단수 현재형: imputes / 과거형: imputed 과거 분사형: imputed / −ing형: imputing 명사형: imputation(전가, 비난) / 형용사형: imputable(전가할 수 있는), imputative(…의 탓으로 돌려진, 전가된)

I do not wish to **impute** any blame to her.

>> 나는 그녀에게 어떠한 책임도 전가하고 싶지 않다.

He **imputed** his failure to laziness.

>> 그는 자신의 실패를 나태함 탓으로 돌렸다.

They cast an **imputation** on his character.

>> 그들은 그의 인격에 비난을 퍼부었다.

The oversight was not **imputable** to him.

>> 그것을 간과한 것은 그의 책임으로 돌릴 수 없다.

:: inaugurate

의 미	㉣ 취임하게 하다, 개회식을 하다, 개시하다, 시작하다
형 태	3인칭 단수 현재형: inaugurates / 과거형: inaugurated 과거 분사형: inaugurated / –ing형: inaugurating 명사형: inauguration(취임), inaugurator(취임시키는 사람, 개시자) 형용사형: inaugural(취임의)

He will be **inaugurated** as the President next month.
》 그는 다음 달에 대통령으로 취임할 것이다.

A new museum featuring photos and videos about the 2010 attack
was **inaugurated**.
》 2010년의 공격에 대한 사진과 동영상을 전시하는 새로운 박물관이 개관했다.

It was his fourth visit to Korea since his **inauguration** in 2009.
》 이번 방문은 그가 2009년 취임한 이래 네 번째의 한국방문이었다.

The new pontiff's **inaugural** Mass was held a week later, on March 19.
》 신임 교황의 취임 미사가 1주일 후인 3월 19일에 개최되었다.

:: incapacitate

의 미	㉣ 무능력하게 하다, 무력하게 하다, 능력을 빼앗다, 자격을 박탈하다
형 태	3인칭 단수 현재형: incapacitates / 과거형: incapacitated 과거 분사형: incapacitated / –ing형: incapacitating 명사형: incapacitation(무능력하게 함, 자격박탈) 형용사형: incapacitated(무력화된)

His poor health <u>incapacitated</u> him from working.

≫ 그는 건강이 좋지 않아서 일을 할 수가 없었다.

Our objective is to <u>incapacitate</u> their military weapon.

≫ 우리의 목표는 그들의 군사 무기를 무력하게 만드는 것이다.

Impaired judgement and physical <u>incapacitation</u> can arise from the use of drugs.

≫ 손상된 판단력과 신체적 무력화는 약물 사용으로부터 야기될 수 있다.

He was <u>incapacitated</u> and couldn't work.

≫ 그는 무력화되어 일을 할 수 없었다.

:: incarnate

의 미	倕 …의 모습을 가지다, …의 화신이 되다, 구체화하다, 실현하다
형 태	3인칭 단수 현재형: incarnates / 과거형: incarnated 과거 분사형: incarnated / -ing형: incarnating 명사형: incarnation(화신, 특정한 생애) 형용사형: incarnate(인간의 모습을 한, 화신한)

The poet <u>incarnated</u> his vision in a beautiful poem.

≫ 그 시인은 그의 비전을 아름다운 시로 나타냈다.

He <u>incarnates</u> the spirit of chivalry.

≫ 그는 기사도 정신의 전형이다.

Obama's life is the 21st century **incarnation** of the old fashioned American dream.

≫ 오바마의 삶은 오래된 아메리칸 드림의 21세기 화신이다.

The leader seemed the devil **incarnate**.

≫ 그 지도자는 인간의 모습을 한 악마(악마의 화신) 같았다.

:: incline

의 미	㉦ 기울게 하다, 기울이다 ㉧ …하는 경향이 있다, …하고 싶어지다
형 태	3인칭 단수 현재형: inclines / 과거형: inclined 과거 분사형: inclined / –ing형: inclining 명사형: inclination(경향, 성향) / 형용사형: inclined(경향이 있는), inclinable(경향이 있는), inclinatory(기울어져 있는)

Human beings seem to be naturally **inclined** toward violence and conflict.

≫ 인간은 선천적으로 폭력과 갈등의 성향이 있는 것 같다.

When people hear a regional accent, they are **inclined** to be curious.

≫ 사람들은 지방 사투리를 들으면, 호기심을 갖는 경향이 있다.

We all have an **inclination** to make mistakes when we are tired.

≫ 우리 모두는 피곤하면 실수를 하는 경향이 있다.

I don't feel **inclined** to work today.

≫ 나는 오늘 일하고 싶은 마음이 들지 않는다.

:: include

의 미	㉺ 포함하다, 포괄하다, 함유하다
형 태	3인칭 단수 현재형: includes / 과거형: included 과거 분사형: included / —ing형: including 명사형: inclusion(포함) / 형용사형: inclusive(일체가 다 포함된, 포괄적인), included(함유된, 포함된)

The event <u>included</u> a street parade, music and dance performances.
≫ 그 행사에는 거리 행진과 음악과 춤 공연이 포함되었다.

Honey contains the substances needed to sustain life, <u>including</u> minerals and vitamins.
≫ 꿀에는 미네랄과 비타민을 포함하여, 생명 유지에 필요한 물질들이 들어있다.

His <u>inclusion</u> in the team is in doubt.
≫ 그가 그 팀에 포함될지는 의문스럽다.

The fully <u>inclusive</u> fare for the trip is $1,500.
≫ 일체의 경비가 다 포함된 그 여행비는 1,500달러이다.

:: inconvenience

의 미	㉺ 불편을 주다, 폐를 끼치다
형 태	3인칭 단수 현재형: inconveniences / 과거형: inconvenienced 과거 분사형: inconvenienced / —ing형: inconveniencing 명사형: inconvenience(불편, 불편한 것, 불편한 사람) 형용사형: inconvenient(불편한)

I hope my visit will not <u>inconvenience</u> you.

≫ 저의 방문이 당신에게 폐를 끼치지 않기를 바랍니다.

Does it <u>inconvenience</u> you if we postpone our meeting?

≫ 우리가 회의를 연기하면, 당신에게 폐가 될까요?

The public should accept a little <u>inconvenience</u> to better ensure our safety.

≫ 시민들은 더 나은 안전을 보장받기 위해서 조금의 불편함을 받아들여야 한다.

At that time, fountain pens were widely used, but they were <u>inconvenient</u>.

≫ 그 당시에, 만년필은 널리 사용되었지만, 그것들은 불편했다.

:: incorporate

의 미	倒 困 포함하다, 통합하다, 결합하다, 편입하다, 섞다, 주식회사를 만들다
형 태	3인칭 단수 현재형: incorporates / 과거형: incorporated 과거 분사형: incorporated / —ing형: incorporating 명사형: incorporation(회사 설립, 통합) 형용사형: incorporative(결합한, 합병의), incorporate(법인의)

Two schools in France <u>incorporated</u> Korean in their elective curriculum.

≫ 프랑스의 두 개의 학교가 그들의 선택 교과과정에 한국어를 포함시켰다.

If you <u>incorporate</u> your personality into your work, the outcomes will be astonishing.

≫ 만약에 당신이 당신의 성격과 일을 결합시킨다면, 그 결과는 놀라울 것이다.

Pyongyang approved the <u>incorporation</u> in April 2007.

≫ 평양(북한 당국)은 2007년 4월에 회사 설립을 승인했다.

The Russian Empire was a typical <u>incorporative</u> state.

≫ 러시아 제국은 전형적인 합병 국가였다.

:: increase

의 미	㉤ 늘리다, 증가시키다, 강화하다, 인상하다 ㉤ 늘다, 증가하다
형 태	3인칭 단수 현재형: increases / 과거형: increased 과거 분사형: increased / -ing형: increasing 명사형: increase(증가, 인상) / 형용사형: increasing(증가하는, 상승하는), increased(증가한), increasable(증가할 수 있는)

The number of multiracial students <u>increased</u> by 40% this year.

≫ 올해 다민족 학생들의 수가 40% 증가했다.

The construction industry has <u>increased</u> employment opportunities, while causing a chain reaction in economic growth.

≫ 건설업은 경제 성장에 연쇄반응을 일으키면서, 고용의 기회를 증대시켜왔다.

There is no sign of <u>increase</u> in salary.

≫ 급여 인상의 기미가 보이지 않는다.

The country which devalues its currency faces <u>increasing</u> import prices.

≫ 통화가치가 하락한 국가는 상승하는 수입 물가를 경험한다.

:: incriminate

의 미	⑲ 죄를 씌우다, 고소하다, 연루시키다
형 태	3인칭 단수 현재형: incriminates / 과거형: incriminated 과거 분사형: incriminated / –ing형: incriminating 명사형: incrimination(죄를 씌움, 유죄로 함) 형용사형: incriminatory(죄를 씌우는, 유죄로 하는)

He refused to say anything on the grounds that he might <u>incriminate</u> himself.

≫ 그는 죄를 뒤집어쓸지도 모른다는 이유로 어떠한 것도 말하기를 거부했다.

He was the victim of a politically motivated ploy to <u>incriminate</u> him.

≫ 그는 자신에게 죄를 뒤집어씌우기 위한 정치적 동기를 지닌 책략의 희생자였다.

His <u>incrimination</u> was based on her testimony.

≫ 그의 유죄판결은 그녀의 증언을 근거로 하였다.

He advised the man not to sign any self <u>incriminatory</u> papers.

≫ 그는 그 남자에게 자신에게 죄를 씌우는 어떠한 서류에도 사인하지 않도록 충고했다.

:: incubate

의 미	⑲ ㉘ 품다, 부화하다, 배양하다, 보육하다
형 태	3인칭 단수 현재형: incubates / 과거형: incubated 과거 분사형: incubated / –ing형: incubating 명사형: incubation(부화, 배양, 잠복), incubator(인큐베이터, 배양기, 보육기) / 형용사형: incubative(부화의, 잠복의)

The female lays four or five eggs and she <u>incubates</u> for about two weeks.

≫ 암컷은 4-5개의 알을 낳고 약 2주 동안 알을 품는다.

They should help young entrepreneurs to <u>incubate</u> and nurture their inherent innovation.

≫ 그들은 젊은 기업가들이 자신들의 내재적인 혁신성을 배양하고 육성하도록 도와야 한다.

A lot of important ideas have very long <u>incubation</u> periods.

≫ 많은 수의 중요한 생각들은 아주 오랜 잠복기를 지닌다.

Before the use of <u>incubators</u> in hospitals, many premature babies died shortly after birth.

≫ 병원에서 인큐베이터가 사용되기 전에는, 많은 조산아들이 태어나자마자 죽었다.

:: incur

의 미	㉧ 초래하다, 발생시키다, 빚을 지다, 손해를 입다
형 태	3인칭 단수 현재형: incurs / 과거형: incurred 과거 분사형: incurred / –ing형: incurring 명사형: incurrence(빚을 짐, 손해를 초래함) 형용사형: incurrable(초래할 수 있는)

Such negligence and selfishness have <u>incurred</u> huge damages for everyone.

≫ 이러한 부주의와 이기심은 모든 사람들에게 커다란 손해를 초래했다.

Employees are reimbursed for any expenses <u>incurred</u> during a business trip.

》 직원들은 출장 중에 발생되는 모든 비용을 변제받는다.

Services rendered will not include repair <u>incurred</u> by neglect or improper handling.

》 제공되는 서비스에는 부주의나 부적절한 취급으로 발생되는 수리를 포함 하지 않는다.

Twenty trillion won was <u>incurred</u> as the government sold treasuries and national housing bonds.

》 정부가 국채와 국민주택채권을 발행하면서 20조원의 부채가 발생했다.

:: index

의 미	㉰ ㉾ 색인을 달다, 나타내다
형 태	3인칭 단수 현재형: indexes / 과거형: indexed 과거 분사형: indexed / –ing형: indexing 명사형: index(색인, 지수, 지표), indexer(색인 작성자) 형용사형: indexable(색인을 달 수 있는), indexical(색인의)

All publications are <u>indexed</u> by subject and title.

》 모든 출판물은 주제와 제목별로 색인이 만들어진다.

If they <u>index</u> a book, they make a alphabetical list of the items in it.

》 책에 색인을 달 때, 책속의 항목들에 대해 철자 순서대로 목록을 만든다.

Look it up in the <u>index</u>.

》 색인에서 그것을 찾아보세요.

In 2007, Kuwait had the highest human development <u>index</u> in the Arab world.

》 2007년에, 쿠웨이트가 아랍 세계에서 인간개발지수가 가장 높았다.

:: indicate

의 미	⑤ 나타내다, 가리키다, 표시하다
형 태	3인칭 단수 현재형: indicates / 과거형: indicated 과거 분사형: indicated / -ing형: indicating 명사형: indication(표시, 징조, 징후), indicator(표시기, 지표) 형용사형: indicative(표시하는, 암시하는, 나타내는)

A steady decrease in GNP would <u>indicate</u> a national economic recession.

》 국민총생산의 꾸준한 감소는 한 국가의 경제적 침체를 나타낸다.

The windchill factor will make us feel colder than what thermometers <u>indicate</u>.

》 찬바람의 냉각요인은 수은주가 가리키는 것보다 더 춥게 체감하게 만들 것이다.

There is no <u>indication</u> that we will have an earthquake.

》 우리가 지진을 겪게 될 징후는 전혀 없다.

High scores in IQ tests are not <u>indicative</u> of future success.

》 IQ 테스트의 고득점이 미래의 성공을 나타내지는 않는다.

:: individualize

의 미	(타) 개인의 요구에 맞추다, 개별화하다, 개성을 뚜렷하게 하다
형 태	3인칭 단수 현재형: individualizes / 과거형: individualized 과거 분사형: individualized / –ing형: individualizing 명사형: individualization(개인주의), individuality(개성, 특성) 형용사형: individual(개인의, 개별의)

Home schooling helps to <u>individualize</u> children's learning.
>> 홈스쿨링은 아이들의 학습을 개별화하는 데 도움을 준다.

His peculiar style strongly <u>individualizes</u> his works.
>> 그의 독특한 문체는 그의 작품의 개성을 아주 뚜렷하게 해준다.

<u>Individualization</u> is a gradually more common trait of adults in Korean society.
>> 개인주의는 한국사회에서 성인들 사이에 점점 흔해지는 추세이다.

In this new system, <u>individual</u> differences in ability are fully considered.
>> 이러한 새로운 제도에서는, 개인적인 능력의 차이가 충분히 고려된다.

:: individuate

의 미	(타) 개성을 부여하다, 특징짓다, 특성을 부여하다, 개별화하다
형 태	3인칭 단수 현재형: individuates / 과거형: individuated 과거 분사형: individuated / –ing형: individuating 명사형: individuation(개성화) 형용사형: individuated(특징이 부여된)

It is difficult to <u>individuate</u> an Italian folklore, because of the vast differences between regions.

≫ 지역들 간에 차이가 크기 때문에, 이탈리아의 민속음악을 특징짓는 것은 어려운 일이다.

Atoms are <u>individuated</u> by their composition without regarding of organization.

≫ 원자는 구조에 관계없이 구성요소에 의해 특징지어진다.

The boy has characteristics that <u>individuate</u> him from all others.

≫ 그 소년은 그를 다른 아이들과는 다르게 특징지어주는 개성을 지니고 있다.

In economics, <u>individuation</u> parallels specialization.

≫ 경제학에서, 개별화는 전문화와 비슷하다.

:: induce

의 미	㉧ 유도하다, 유발하다, 야기하다, …하게 하다
형 태	3인칭 단수 현재형: induces / 과거형: induced 과거 분사형: induced / –ing형: inducing 명사형: induction(유도, 귀납법) 형용사형: inductive(귀납적인), inducible(유도할 수 있는)

It is illegal to <u>induce</u> people to go to a specific hospital.

≫ 사람들을 특정 병원으로 가도록 유도하는 것은 불법이다.

The TV report about the Winter Olympic scandal <u>induced</u> the wrath of audiences.

≫ 동계올림픽의 부정에 관한 TV 보도는 시청자들의 분노를 유발시켰다.

<u>Induction</u> is used to discover general principles from particular facts and examples.

≫ 귀납법은 특정한 사실들과 예들로부터 일반적인 원리들을 발견해 내기위해 사용된다.

Many people misunderstand the difference between deductive and <u>inductive</u> reasoning.

≫ 많은 사람들은 연역적인 추론과 귀납적인 추론 간의 차이를 오해한다.

:: indulge

의 미	㉣ 제 멋대로 하게 하다, 충족시키다 ㉠ 마음껏 하다, 탐닉하다
형 태	3인칭 단수 현재형: indulges / 과거형: indulged 과거 분사형: indulged / –ing형: indulging 명사형: indulgence(하고 싶은 대로 함, 사치) 형용사형: indulgent(하고 싶은 대로 다 하게 놔두는)

Her mother <u>indulged</u> her in material possessions.

≫ 그녀의 어머니는 그녀가 물질적으로 갖고 싶어 하는 것은 다 갖게 해주었다.

Women with economic power are <u>indulging</u> in sports in order to spent their leisure time.

≫ 경제력을 가진 여성들은 그들의 여가 시간을 보내기 위해서 스포츠에 탐닉하고 있다.

There is no limit to the **indulgence** they show to their grandchildren.
≫ 그들이 손주들의 응석을 받아주는 데는 한이 없다.

His **indulgent** mother let him do anything he wanted.
≫ 그의 응석을 다 받아주는 어머니는 그가 원하는 것은 어떤 것이라도 하게 놔뒀다.

:: industrialize

의 미	타 산업화하다 자 산업화되다
형 태	3인칭 단수 현재형: industrializes / 과거형: industrialized 과거 분사형: industrialized / −ing형: industrializing 명사형: industry(산업), industrialization(산업화) 형용사형: industrial(산업의)

In their zeal to **industrialize**, they got rid of too many farms.
≫ 산업화하려는 열망 때문에, 그들은 너무 많은 농장들을 없앴다.

Energy consumption rises as countries **industrialize**.
≫ 국가들이 산업화함에 따라 에너지 소비가 증가한다.

One of the leading causes of environmental damage is **industrialization**.
≫ 환경 훼손의 주된 요인 중의 하나는 산업화이다.

The yellow dust includes harmful **industrial** pollutants emitted by factories in China.
≫ 황사에는 중국 공장에서 방출된 해로운 산업 오염물질들이 포함된다.

:: infect

의 미	㉣ 감염시키다, 오염시키다, 영향을 주다 ㉤ 감염되다
형 태	3인칭 단수 현재형: infects / 과거형: infected 과거 분사형: infected / -ing형: infecting 명사형: infection(전염) / 형용사형: infectious(전염성의), infected (전염된), infective(전염성이 있는)

Anyone with a terrible cold may <u>infect</u> the people around him.

≫ 독감에 걸린 사람은 주위 사람들에게 전염시킬 수 있다.

Be careful not to <u>infect</u> wound.

≫ 상처가 감염되지 않도록 조심하세요.

Rubbing eyes with dirty hands can cause an <u>infection</u>.

≫ 더러운 손으로 눈을 비비면, 감염을 일으킬 수 있다.

The <u>infectious</u> disease is easily conveyed by air.

≫ 전염성이 있는 병은 공기에 의해 쉽게 전염된다.

:: infer

의 미	㉣ 추론하다, 추측하다, 암시하다
형 태	3인칭 단수 현재형: infers / 과거형: inferred 과거 분사형: inferred / -ing형: inferring 명사형: inference(추론), inferrer(추론자, 추측자) 형용사형: inferential(추론의, 추정에 의한), inferable(추정할 수 있는)

He <u>inferred</u> from her expression that she was angry.

≫ 그는 그녀의 표정으로부터 그녀가 화가 났다고 추측했다.

Much of the meaning must be <u>inferred</u> from the context.

≫ 의미의 많은 부분은 문맥으로부터 추론해 내야 한다.

We can make judgements and <u>inferences</u> from body language.

≫ 우리는 신체언어를 보고 판단하거나 추론할 수 있다.

All knowledge of the atom is <u>inferential</u> knowledge.

≫ 원자에 관한 모든 지식은 추정에 의한 지식이다.

:: inflame

의 미	타 자 자극하다, 타오르게 하다, 빨갛게 물들이다, 염증을 일으키다
형 태	3인칭 단수 현재형: inflames / 과거형: inflamed 과거 분사형: inflamed / –ing형: inflaming 명사형: inflammation(염증, 연소, 점화) 형용사형: inflammatory(염증성의, 자극적인)

The setting sun <u>inflamed</u> the entire sky.

≫ 지는 해가 하늘을 온통 빨갛게 물들였다.

His speech <u>inflamed</u> the audience with anger.

≫ 그의 연설은 청중을 자극하여 화나게 했다.

He had an <u>inflammation</u> in his right eye from too much dust.

≫ 그는 너무 많은 먼지 때문에 오른쪽 눈에 염증이 생겼다.

Periodontal disease is an <u>inflammatory</u> condition caused by bacteria inside the mouth.

» 치주 질환은 입속의 박테리아에 의해 발병되는 염증성 질환이다.

:: inflate

의 미	㉰ 부풀리다, 팽창시키다 ㉶ 부풀다, 팽창하다
형 태	3인칭 단수 현재형: inflates / 과거형: inflated 과거 분사형: inflated / -ing형: inflating 명사형: inflation(인플레이션, 물가상승) 형용사형: inflated(폭등한, 과장된, 부풀린), inflatable(공기 주입식의)

A mechanic <u>inflated</u> the car's tires.

» 기계공이 자동차의 타이어를 부풀렸다.

Nearly one out of five high schools in Seoul <u>inflates</u> school grades.

» 서울에 있는 고등학교 다섯 중 거의 하나는 학교 성적을 부풀린다.

The primary reason behind the fare hike is <u>inflation</u> and the rising cost of fuel.

» 요금인상 이면의 주된 이유는 인플레이션과 치솟는 유류비이다.

They had to buy everything at <u>inflated</u> prices at a small store.

» 그들은 조그마한 가게에서 모든 것을 부풀린 가격으로 사야했다.

:: inflict

의 미	㉣ 괴로움을 안기다, 고통을 주다, 폐를 끼치다
형 태	3인칭 단수 현재형: inflicts / 과거형: inflicted 과거 분사형: inflicted / ―ing형: inflicting 명사형: infliction(고통주기, 고난, 형벌) 형용사형: inflictive(형벌의, 고통의)

To receive illegal political funds is to **inflict** damage on businesses and the public.

≫ 불법 정치자금을 받는 것은 기업과 국민들에게 피해를 주는 것이다.

No one has the right to **inflict** such suffering on other human beings.

≫ 누구도 다른 사람들에게 그러한 고통을 가할 권리는 없다.

Sorry to **inflict** myself on you again like this.

≫ 제가 또 이렇게 당신을 귀찮게 해서 죄송합니다.

Physical abuse is the nonaccidental **infliction** of physical injury.

≫ 신체적 학대란 고의적으로 신체적인 상처의 고통을 주는 것이다.

:: influence

의 미	㉣ 영향을 주다, 좌우하다, 지배하다
형 태	3인칭 단수 현재형: influences / 과거형: influenced 과거 분사형: influenced / ―ing형: influencing 명사형: influence(영향, 영향력), influencer(영향력을 행사하는 사람) 형용사형: influential(영향력 있는)

Attitudes are highly **influenced** by cultural background.

» 태도는 문화적인 배경에 의해 크게 영향 받는다.

Environment **influences** personality.

» 환경은 성격에 영향을 준다.

Our nation's **influence** on the international community is clearly evident.

» 국제 사회에 대한 우리나라의 영향력은 아주 분명하다.

The magazine chooses the most **influential** person every year.

» 그 잡지는 해마다 가장 영향력 있는 사람을 선정한다.

:: inform

의 미	㉺ 알리다, 통지하다
형 태	3인칭 단수 현재형: informs / 과거형: informed 과거 분사형: informed / –ing형: informing 명사형: information(정보) / 형용사형: informative(정보를 제공하는, 유익한), informational(정보의), informed(많이 아는, 정보통의)

Please **inform** us immediately if your plans change.

» 당신의 계획이 바뀌면, 즉시 우리에게 알려주세요.

Insufficient effort was made in advance to **inform** people of the road blocks.

» 도로 봉쇄에 대해 사람들에게 미리 알리려는 노력이 불충분했다.

We can look for useful **information** on the Internet.

» 우리는 인터넷에서 유용한 정보를 찾을 수 있다.

The program is not only interesting but also highly <u>informative</u>.

》 그 프로그램은 재미있을 뿐만 아니라, 많은 정보도 제공한다.

:: infuse

의 미	㉣ 불어넣다, 주입하다, 달이다, 우리다 ㉤ 달이다, 우리다
형 태	3인칭 단수 현재형: infuses / 과거형: infused 과거 분사형: infused / –ing형: infusing 명사형: infusion(유입, 주입), infuser(주입기) 형용사형: infusive(주입력이 있는)

His words <u>infused</u> me with confidence.

》 그의 말은 나에게 자신감을 불어넣었다.

During the surgery, 20 quarts of blood were <u>infused</u> into his body.

》 수술 받는 동안에, 20 쿼트의 혈액이 그의 몸속에 주입되었다.

The girls seemed to be <u>infused</u> with excitement on seeing the snow.

》 그 소녀들은 눈을 보자 흥분에 휩싸인 것 같았다.

They suffered considerable damage as the measure cut off a cash <u>infusion</u>.

》 그 조치가 현금유입을 차단했기 때문에, 그들은 상당한 피해를 입었다.

:: inhabit

의 미	働 살다, 거주하다, 서식하다
형 태	3인칭 단수 현재형: inhabits / 과거형: inhabited 과거 분사형: inhabited / −ing형: inhabiting 명사형: inhabitant(주민), inhabitation(거주, 서식) 형용사형: inhabitable(살기에 적합한, 거주에 적합한)

The tribes <u>inhabited</u> the tropical forests.

≫ 그 부족들은 열대우림에 살고 있었다.

The birds do not migrate to other areas and mainly <u>inhabit</u> near the coast.

≫ 그 새들은 다른 지역으로 이주하지 않고, 주로 해안가에서 서식한다.

The city has 500,000 <u>inhabitants</u>.

≫ 그 도시의 주민은 50만 명이다.

Astronomers have found thousands of planets that may be <u>inhabitable</u>.

≫ 천문학자들은 생명체가 살기에 적합한 수많은 행성들을 발견했다.

:: inhale

의 미	働 困 들이마시다, 흡입하다, 빨아들이다
형 태	3인칭 단수 현재형: inhales / 과거형: inhaled 과거 분사형: inhaled / −ing형: inhaling 명사형: inhaler(흡입기), inhalant(흡입제), inhalation(흡입) 형용사형: inhalational(흡입의), inhalant(흡입의)

Animals <u>inhale</u> oxygen and exhale carbon dioxide into the air.

》 동물들은 산소를 들이마시고, 이산화탄소를 공기 중에 내뿜는다.

An easy way not to <u>inhale</u> toxic ultra-fine dust is to refrain from outdoor activities.

》 유독성 초미세먼지를 들이마시지 않는 쉬운 방법은 야외활동을 삼가는 것이다.

Asthma attacks can be treated with medication delivered through an <u>inhaler</u>.

》 천식 발작은 흡입기를 통해 전달되는 약물로 치료될 수 있다.

The daily <u>inhalation</u> of cigarette smoke can slow down the lung development in children.

》 담배연기를 날마다 흡입하면, 어린이들의 폐 성장을 느리게 할 수 있다.

:: inherit

의 미	타 상속받다, 물려받다, 이어받다
형 태	3인칭 단수 현재형: inherits / 과거형: inherited 과거 분사형: inherited / –ing형: inheriting 명사형: inheritance(상속받은 재산, 유산) / 형용사형: inheritable (유전하는, 상속 가능한), inherited(상속받은, 물려받은)

He didn't <u>inherit</u> nothing from his parents, but made it on his own.

》 그는 그의 부모로부터 아무 것도 물려받지 않았고, 자수성가했다.

She <u>inherited</u> her blue eyes and blond hair from her mother.

≫ 그녀는 그녀의 어머니로부터 푸른 눈과 금발머리를 물려받았다.

He is not planning to leave them with a giant <u>inheritance</u>.

≫ 그는 그들에게 엄청난 유산을 남겨줄 계획을 세우고 있지 않다.

He began collecting Korean traditional artworks with his <u>inherited</u> fortune.

≫ 그는 상속받은 재산으로 한국의 전통적인 예술품들을 수집하기 시작했다.

:: inhibit

의 미	㉺ 억제하다, 저하시키다, 금지하다
형 태	3인칭 단수 현재형: inhibits / 과거형: inhibited 과거 분사형: inhibited / −ing형: inhibiting 명사형: inhibitor(억제제), inhibition(억제) / 형용사형: inhibitive(억제하는), inhibitory(억제하는), inhibited(억제된, 내성적인)

Washing one's hands regularly can help <u>inhibit</u> the spread of disease.

≫ 손을 규칙적으로 씻으면, 질병의 확산을 억제하는 데 도움이 될 수 있다.

It turned out that spinach contains substances that <u>inhibit</u> the absorption of iron.

≫ 시금치는 철분의 흡수를 억제하는 물질을 포함하는 것으로 밝혀졌다.

Cancer <u>inhibitors</u> may help cancer patients recover by themselves.

≫ 암 억제제는 암 환자들이 스스로 회복하도록 도울지도 모른다.

Boys are <u>inhibited</u> about discussing their problems.

≫ 남자아이들은 자신의 문제에 대해 의논하는 것을 꺼려한다.

:: initiate

의 미	㉻ 개시하다, 착수시키다
형 태	3인칭 단수 현재형: initiates / 과거형: initiated 과거 분사형: initiated / -ing형: initiating 명사형: initiative(새로운 계획, 주도권) / 형용사형: initial(초기의, 처음의, 원래의), initiatory(처음의), initiative(처음의)

The government has <u>initiated</u> a program of economic reform.
≫ 정부는 경제 개혁 프로그램을 착수시켰다.

Some countries have <u>initiated</u> programs to help stop the spread of super bugs.
≫ 몇몇 나라들은 슈퍼 박테리아의 확산을 막는 데 도움이 되는 프로그램을 개시했다.

Many companies are taking the <u>initiative</u> to create cars which solely run on electricity.
≫ 많은 회사들이 전기로만 가는 자동차를 만들 계획을 세우고 있다.

Her <u>initial</u> plan was to play golf twice a month.
≫ 그녀의 원래 계획은 한 달에 두 번 골프를 치는 것이었다.

:: inject

의 미	㉻ 주사하다, 주입하다
형 태	3인칭 단수 현재형: injects / 과거형: injected 과거 분사형: injected / -ing형: injecting 명사형: injection(주사, 주입, 투약), injector(주사기, 주입기) 형용사형: injectable(주사 가능한), injected(주입된)

Chemicals are <u>injected</u> to the fruit to reduce decay.

>> 과일이 썩는 것을 줄이기 위해, 화학약품이 과일에 주입된다.

Parents must not forcefully <u>inject</u> their own values and dreams to their children.

>> 부모들은 자신들의 가치관이나 꿈을 아이들에게 강제적으로 주입시켜서는 안 된다.

The substance can make wrinkles disappear when it is <u>injected</u> into the skin.

>> 그 물질을 피부에 주사하면, 주름살을 사라지게 만들 수 있다.

One fact to be aware of is that stem-cell <u>injection</u> treatments are illegal.

>> 한 가지 알아야 할 사실은, 줄기세포 주사 치료는 불법이라는 점이다.

:: injure

의 미	㉤ 다치게 하다, 해치다, 손상하다
형 태	3인칭 단수 현재형: injures / 과거형: injured 과거 분사형: injured / –ing형: injuring 명사형: injury(부상, 상처), injurer(상처를 입히는 자), injured(부상자) 형용사형: injured(부상을 당한, 다친)

He <u>injured</u> his shoulder playing football.

>> 그는 축구를 하다 어깨를 다쳤다.

Smoking <u>injures</u> our health.

>> 흡연은 우리의 건강을 해친다.

Accidents and **injuries** can happen while driving and talking on the phone.
>> 사고와 부상은 운전 중에 전화를 함으로써 발생할 수 있다.

There is an organization that appear in every place where there are **injured** people.
>> 부상을 입은 사람들이 있는 모든 곳에 나타나는 단체가 있다.

:: inquire

의 미	㉤ ㉣ 묻다, 질의하다, 문의하다, 조사하다
형 태	3인칭 단수 현재형: inquires / 과거형: inquired 과거 분사형: inquired / –ing형: inquiring 명사형: inquiry(조사, 탐구, 문의), inquirer(탐구자, 질문자) 형용사형: inquiring(탐구적인, 호기심이 많은)

They closely **inquired** into whether he took proper measures in the case.
>> 그들은 이 사건에서 그가 적절한 조치를 취했는지를 면밀하게 질의했다.

He **inquired** of her whether it was true or not.
>> 그는 그녀에게 그것이 사실인지 아닌지를 물었다.

For all other **inquiries**, please remain on the line to speak to a representative.
>> 모든 다른 문의사항에 대해서 직원과 상담하시려면, 끊지 말고 기다려 주세요.

He has an **inquiring** mind.
>> 그는 탐구심이 강하다.

:: inscribe

의 미	㉣ 이름 등을 새기다, 쓰다, 책에 이름을 써서 헌정하다
형 태	3인칭 단수 현재형: inscribes / 과거형: inscribed 과거 분사형: inscribed / –ing형: inscribing 명사형: inscriber(새기는 사람, 헌정인), inscription(새김, 새겨진 것, 비문) / 형용사형: inscriptive(헌정사의, 비문의)

His name was <u>inscribed</u> on the trophy.

≫ 그 트로피에는 그의 이름이 새겨져 있었다.

He <u>inscribed</u> the book to his wife.

≫ 그는 그 책을 그의 아내에게 헌정했다.

The <u>inscriptions</u> engraved on the monument provide invaluable data on the Shilla Kingdom.

≫ 그 기념비에 새겨진 비문들은 신라왕국에 관한 귀중한 자료를 제공한다.

Two <u>inscriptive</u> plaques were found attached on the wall.

≫ 벽에 부착되어 있는 두 개의 비문 명판이 발견되었다.

:: insert

의 미	㉣ 넣다, 삽입하다, 포함시키다
형 태	3인칭 단수 현재형: inserts / 과거형: inserted 과거 분사형: inserted / –ing형: inserting 명사형: insertion(삽입, 끼워넣기, 첨가) / 형용사형: insertable(끼워넣을 수 있는, 삽입할 수 있는), inserted(끼워넣은)

Insert your card into ATM machine, and then press the withdraw button.

》》 현금자동지급기에 카드를 넣고 나서, 출금 버튼을 누르세요.

It's not difficult to insert video clips into Powerpoint slides.

》》 파워포인트 슬라이드에 동영상을 삽입하는 것은 어렵지 않다.

You have to insert the page number into this document.

》》 당신은 이 문서에 페이지 번호를 삽입해야 한다.

Pressing the backspace key deletes the character before the insertion point.

》》 백스페이스 키를 누르면, 삽입 지점 앞의 문자가 삭제된다.

:: insist

의 미	㉺ ㉣ 고집하다, 주장하다
형 태	3인칭 단수 현재형: insists / 과거형: insisted 과거 분사형: insisted / –ing형: insisting 명사형: insistence(주장, 고집), insister(주장하는 사람) 형용사형: insistent(고집하는, 끈덕진, 계속되는)

Japan keeps insisting that the Dokdo Island belongs to them.

》》 일본은 독도가 그들의 영토라고 계속 주장한다.

If he insists on doing so, he will end up regretting.

》》 그가 그렇게 하려고 고집한다면, 그는 결국 후회하게 될 것이다.

He went to medical school at his father's strong insistence.

》》 그는 그의 아버지의 강경한 주장 때문에 의과대학에 진학했다.

She was <u>insistent</u> that she would stay with her mother.

» 그녀는 그녀의 어머니와 함께 있겠다고 고집을 부렸다.

:: inspect

의 미	㉣ 조사하다, 검사하다, 면밀히 살펴보다
형 태	3인칭 단수 현재형: inspects / 과거형: inspected 과거 분사형: inspected / –ing형: inspecting 명사형: inspection(검사, 감사, 조사), inspector(검사자, 감독관) 형용사형: inspective(주의 깊은), inspectable(검사할 수 있는)

The detectives <u>inspected</u> the crime site to procure evidence.

» 형사들은 증거를 확보하기 위해서 범행 현장을 조사했다.

<u>Inspect</u> the wrapping to make sure if it has not been opened.

» 포장이 이미 개봉되지는 않았는지 확인하기 위해, 그 포장상태를 면밀히 살펴보세요.

They <u>inspected</u> some products from China and found contaminations.

» 그들은 몇몇 중국산 제품들을 검사했고, 유해물질을 발견했다.

Many local governments did not go through <u>inspection</u> for several years.

» 많은 지자체들이 수년간 감사를 받지 않았다.

:: inspire

의 미	㉠ …할 마음이 내키게 하다, 격려하다, 고무하다, 영감을 주다
형 태	3인칭 단수 현재형: inspires / 과거형: inspired 과거 분사형: inspired / −ing형: inspiring 명사형: inspiration(고무적인 영감) 형용사형: inspiring(고무적인, 영감을 주는)

He always <u>inspires</u> me to greater efforts.

≫ 그는 항상 내가 더 노력할 수 있도록 격려한다.

She has the ability to <u>inspire</u> people and relentless passion.

≫ 그녀는 사람들을 격려하는 능력과 끈질긴 열정을 지니고 있다.

Dreams can be a rich source of <u>inspiration</u> for artists.

≫ 꿈은 예술가들에게 풍부한 영감의 원천이 될 수 있다.

Reading <u>inspiring</u> books can make you feel happy.

≫ 영감을 주는 책을 읽으면, 기분이 좋아질 수 있다.

:: install

의 미	㉠ 설치하다, 장착하다, 임명하다
형 태	3인칭 단수 현재형: installs / 과거형: installed 과거 분사형: installed / −ing형: installing 명사형: installation(설치) 형용사형: installable(설치 가능한), installed(설치된, 장착된)

The school is going to <u>install</u> CCTVs everywhere.

≫ 그 학교는 모든 곳에 CCTV를 설치할 예정이다.

The black box <u>installed</u> in a vehicle can be a major witness in traffic accidents.

≫ 자동차에 장착된 블랙박스는 교통사고의 목격자 역할을 할 수 있다.

An increasing number of people have been using the vending machine since its <u>installation</u>.

≫ 자판기를 설치한 이후로, 점점 더 많은 수의 사람들이 그 자판기를 사용해 오고 있다.

There was a secretly <u>installed</u> camera in his car.

≫ 그의 차에는 비밀리에 설치해놓은 카메라가 있었다.

:: institute

의 미	㊌ 제도나 정책을 도입하다, 절차를 시작하다
형 태	3인칭 단수 현재형: institutes / 과거형: instituted 과거 분사형: instituted / –ing형: instituting 명사형: institute(연구소, 대학, 협회), institution(기관, 연구소) 형용사형: institutional(제도적인)

The new management plans to <u>institute</u> a number of changes.

≫ 새로운 경영진은 많은 변화를 도입할 계획이다.

They are going to <u>institute</u> a couple of new policies.

≫ 그들은 몇 가지 새로운 정책을 도입할 예정이다.

The current law bans gatherings within 100 meters of diplomatic <u>institutions</u>.

≫ 현행법은 외교기관으로부터 100미터 이내에서의 집회를 금지하고 있다.

We need a <u>institutional</u> solution to accomplish the project.

≫ 우리는 그 프로젝트를 수행하기 위해서는 제도적인 해결책이 필요하다.

:: instruct

의 미	㉣ 가르치다, 교육하다, 지시하다, 알려주다
형 태	3인칭 단수 현재형: instructs / 과거형: instructed 과거 분사형: instructed / –ing형: instructing 명사형: instruction(설명, 지침, 교육), instructor(강사) 형용사형: instructive(교육적인, 유익한), instructional(교육용의)

All the staff have been <u>instructed</u> in sign language.

≫ 모든 직원들은 수화 교육을 받았다.

The Ministry <u>instructed</u> state-run companies to increase hiring this year.

≫ 그 부서는 국영 기업체들에게 올해 채용을 늘리라고 지시했다.

If any malfunctioning occurs during the operation of the machine, refer to the <u>instruction</u> manual.

≫ 이 기계를 사용하는 동안에 고장이 나면, 사용 설명서를 참고하세요.

This book is interesting and <u>instructive</u>.

≫ 이 책은 재미도 있고, 유익하기도 하다.

:: insult

의 미	㉑ 모욕하다, 창피를 주다, 모독하다
형 태	3인칭 단수 현재형: insults / 과거형: insulted 과거 분사형: insulted / –ing형: insulting 명사형: insult(모욕, 비방), insultation(모욕) / 형용사형: insulting (모욕적인, 무례한), insulted(모욕당한), insultable(모욕할 수 있는)

They <u>insulted</u> him by questioning his honesty.

》 그들은 그의 정직함에 대해 의문을 가짐으로써 그를 모욕했다.

The rebels <u>insulted</u> the flag by throwing mud on it.

》 반란자들은 국기에 진흙을 던짐으로써, 국기를 모독했다.

Lawmakers tried to pass a bill to punish online <u>insults</u>.

》 국회의원들은 사이버 비방을 처벌하기 위한 법안을 통과시키려고 노력했다.

If the amount of money is very small, it may send an <u>insulting</u> message.

》 돈의 액수가 아주 적으면, 모욕적인 뜻을 전달할 수도 있다.

:: insure

의 미	㉑ ㉢ 보험에 들다, 보험 계약을 하다, 보장하다
형 태	3인칭 단수 현재형: insures / 과거형: insured 과거 분사형: insured / –ing형: insuring 명사형: insurance(보험, 보험금), insurer(보험회사), insured(피보험자) 형용사형: insured(보험을 든)

She <u>insured</u> the car against losses caused by accident and theft.

≫ 그녀는 사고나 절도로 발생하는 손실에 대비해 차량 보험을 들었다.

The country lifestyle <u>insures</u> more opportunities to enjoy the nature.

≫ 시골의 생활양식은 자연을 즐길 수 있는 더 많은 기회를 보장해 준다.

The damage is covered by <u>insurance</u>.

≫ 그 손해는 보험으로 보상이 된다.

Privately <u>insured</u> patients are offered a higher level of medical care.

≫ 개인적으로 보험에 가입한 환자들은 더 높은 질의 의료 치료를 제공받는다.

:: integrate

의 미	㈰ 통합하다, 합치다, 집대성하다
형 태	3인칭 단수 현재형: integrates / 과거형: integrated 과거 분사형: integrated / –ing형: integrating 명사형: integration(통합, 조화, 융합) / 형용사형: integrative(통합적인), integrational(통합의), integrator(통합물)

These new words are often <u>integrated</u> into the original language.

≫ 이러한 신조어들은 흔히 원래의 언어에 통합된다.

He <u>integrated</u> my proposal into the final report.

≫ 그는 내 제안을 최종 보고서에 통합시켜 넣었다.

The nation needs to promote the balance between growth and social <u>integration</u>.

≫ 국가는 성장과 사회적 통합 사이의 균형을 고취시킬 필요가 있다.

Integrative planning can increase energy savings in industry.

≫ 통합적인 계획은 산업에서의 에너지 절약을 증대시킬 수 있다.

:: intend

의 미	㉑ 의도하다, 작정하다, 계획하다, 의미하다
형 태	3인칭 단수 현재형: intends / 과거형: intended 과거 분사형: intended / –ing형: intending 명사형: intention(의도, 의향, 취지) / 형용사형: intentional(의도적인, 계획적인), intended(의도된), intending(지망하는)

They **intended** to let the world know about the Korean territory, the Dokdo Island.

≫ 그들은 세계가 한국의 영토인 독도에 대해 알게 하려고 의도했다.

The new bill **intends** to protect people from the secondhand smoke in public areas.

≫ 그 새로운 법안은 공공장소에서 사람들을 간접흡연으로부터 보호하려는 의도이다.

Dogs have the ability to read their owner's **intentions**.

≫ 개들은 주인의 의도를 읽을 수 있는 능력을 지니고 있다.

It is not clear whether the explosion is an **intentional** experiment or a simple accident.

≫ 그 폭발이 의도적인 실험인지, 아니면 단순한 사고인지는 명확하지 않다.

:: intensify

의 미	㉣ 강화하다, 심화하다 ㉯ 강화되다, 심화되다
형 태	3인칭 단수 현재형: intensifies / 과거형: intensified 과거 분사형: intensified / −ing형: intensifying 명사형: intensification(강화), intensifier(강화시키는 사람, 증강장치) 형용사형: intensive(강도 높은, 집중적인)

Police intensified their research for the criminal.

≫ 경찰은 범인 수색을 강화했다.

Many people predict that cyber wars will intensify in the future.

≫ 많은 사람들은 미래에 사이버 전쟁이 심화될 것이라고 예측한다.

Audiovisual co-productions can contribute to the intensification of cultural exchange.

≫ 시청각 공동 제작은 문화적인 교류 강화에 기여할 수 있다.

She received intensive treatment during the period.

≫ 그녀는 그 기간 동안에 집중적인 치료를 받았다.

:: interact

의 미	㉯ 상호 작용하다, 교류하다, 교감하다
형 태	3인칭 단수 현재형: interacts / 과거형: interacted 과거 분사형: interacted / −ing형: interacting 명사형: interaction(상호작용, 교류) 형용사형: interactive(상호적인, 쌍방향의)

A number of factors must **interact** to bring forth success.

» 성공을 이끌어내기 위해서는 몇 가지 요인들이 상호 작용해야 한다.

Networking sites are the main way teens **interact** these days.

» 네트워킹 사이트는 요즈음 십대들이 상호 교류하는 주된 방법이다.

Interaction with pets can reduce stress and release endorphin.

» 애완동물과의 상호작용은 스트레스를 감소시키고, 엔돌핀을 방출시킨다.

Reading is an **interactive** process between the writer and the reader.

» 독서는 작가와 독자 사이의 상호적인 과정이다.

:: intercept

의 미	㉫ 가로채다, 도청하다, 도중에서 붙잡다, 방해하다
형 태	3인칭 단수 현재형: intercepts / 과거형: intercepted 과거 분사형: intercepted / –ing형: intercepting 명사형: interception(도청, 가로채기) 형용사형: interceptive(가로막는, 방해하는)

The soldier **intercepted** the battle plans from the enemy and gave it to the general.

» 그 병사는 적으로부터 전투 계획을 가로채서, 장군에게 전달했다.

It's no secret that they can **intercept** telephone calls and text messages.

» 그들이 전화 통화와 문자 메시지를 도청할 수 있다는 것은 비밀이 아니다.

That player should have been able to **intercept** the pass.

» 그 선수가 그 패스를 가로챘어야만 했다.

The team has monitored the illegal use of communication <u>interception</u> equipment.

>> 그 팀은 통신 도청장치의 불법 사용을 감시해 오고 있다.

:: interchange

의 미	㉺ ㉣ 교환하다, 교체하다, 주고받다
형 태	3인칭 단수 현재형: interchanges / 과거형: interchanged 과거 분사형: interchanged / −ing형: interchanging 명사형: interchange(교환, 고속도로 분기점) 형용사형: interchangeable(교체할 수 있는, 호환성 있는)

They <u>interchanged</u> signals with the ship.

>> 그들은 그 배와 신호를 주고받았다.

He <u>interchanged</u> the front tires with the rear ones.

>> 그는 앞 타이어를 뒤 타이어와 교체했다.

Communication is the <u>interchange</u> of one's thoughts through speech, writing or signs.

>> 의사소통은 말이나 글, 또는 몸짓을 통해 자신의 생각을 교환하는 것이다.

Fungible goods means <u>interchangeable</u> goods.

>> 대체 가능한 상품이란 호환 가능한 상품을 의미한다.

:: interest

의 미	ⓣ 관심을 끌다, 흥미를 보이다
형 태	3인칭 단수 현재형: interests / 과거형: interested 과거 분사형: interested / –ing형: interesting 명사형: interest(관심, 흥미, 이자, 이익) 형용사형: interesting(재미있는, 흥미로운), interested(관심 있는)

She has always <u>interested</u> herself in charity work.

≫ 그녀는 항상 자선 활동에 관심을 보여 왔다.

Politics doesn't <u>interest</u> me.

≫ 정치는 내 관심사가 아니다.

Students can choose courses according to their <u>interest</u>.

≫ 학생들은 자신들의 관심에 따라, 수업을 선택할 수 있다.

There are many places with <u>interesting</u> names in the world.

≫ 세상에는 재미있는 이름을 지닌 장소들이 많이 있다.

:: interfere

의 미	ⓩ 방해하다, 간섭하다, 침해하다, 지장을 초래하다
형 태	3인칭 단수 현재형: interferes / 과거형: interfered 과거 분사형: interfered / –ing형: interfering 명사형: interference(방해, 간섭) / 형용사형: interfering(참견하기 좋아하는, 간섭하는), interferential(간섭의)

She always <u>interferes</u> in other people's affairs.

➤➤ 그녀는 항상 남의 일에 간섭한다.

Internet addiction can <u>interfere</u> with children's brain development.

➤➤ 인터넷 중독은 어린이들의 두뇌 발달에 지장을 초래할 수 있다.

Psychologists define stress as any <u>interference</u> that disrupts the activity of an organism.

➤➤ 심리학자들은 스트레스를 생명체의 활동에 피해를 주는 모든 종류의 방해로 규정한다.

She doesn't like to talk with <u>interfering</u> neighbors.

➤➤ 그녀는 참견하기 좋아하는 이웃사람들과 이야기하는 것을 좋아하지 않는다.

:: interpose

의 미	🈪 끼워 넣다, 중재하다, 개입하다, 방해하다 🈯 개입하다
형 태	3인칭 단수 현재형: interposes / 과거형: interposed 과거 분사형: interposed / −ing형: interposing 명사형: interposition(중재, 삽입, 삽입물) 형용사형: interposable(끼워 넣을 수 있는)

He <u>interposed</u> himself between us.

➤➤ 그는 우리들 사이에 끼어들었다.

Police had to <u>interpose</u> themselves between two rival groups.

➤➤ 경찰들이 경쟁관계의 두 그룹 사이에 개입해야만 했다.

He <u>interposed</u> an objection to the plan.

» 그는 그 계획에 대해서 이의를 제기했다.

They agreed to accept the <u>interposition</u> of UN.

» 그들은 UN의 중재를 수락하기로 동의했다.

:: interpret

의 미	㉑ ㉓ 해석하다, 이해하다, 통역하다
형 태	3인칭 단수 현재형: interprets / 과거형: interpreted 과거 분사형: interpreted / –ing형: interpreting 명사형: interpretation(통역), interpreter(통역사) 형용사형: interpretable(해석 가능한, 이해 가능한)

The meaning of the democracy can be <u>interpreted</u> in many ways.

» 민주주의의 의미는 많은 방법으로 해석될 수 있다.

A jury should not <u>interpret</u> the silence of the defendant as a sign of guilt.

» 배심원들은 피고의 침묵을 유죄의 표시로 이해해서는 안 된다.

The discussion was Web-cast live via the Internet through simultaneous <u>interpretation</u>.

» 그 토론은 동시통역으로 인터넷을 통해 생중계되었다.

It may not be very interesting, but it is <u>interpretable</u> to everyone.

» 그것은 매우 흥미로운 것은 아니지만, 모든 사람들이 그것을 이해할 수는 있다.

:: interrelate

의 미	㉣ 밀접한 연관을 갖게 하다 ㉜ 관련을 지니다
형 태	3인칭 단수 현재형: interrelates / 과거형: interrelated 과거 분사형: interrelated / −ing형: interrelating 명사형: interrelation(상호관계) 형용사형: interrelated(상관이 있는, 밀접하게 연관된)

The body and mind interrelate.

≫ 몸과 마음은 서로 관련이 있다.

Although they are closely interrelated, they are not the same.

≫ 비록 그것들이 밀접하게 관련되어 있을지라도, 그것들은 동일한 것이 아니다.

He portrayed the issue as an interrelation between the population and economic growth.

≫ 그는 그 주제를 인구와 경제 성장간의 상호관계로 조명했다.

The 1990s was a period of interrelated political and economic changes.

≫ 1990년대는 정치와 경제가 밀접하게 연관된 변화의 시기였다.

:: interrogate

의 미	㉣ 심문하다, 질문하다
형 태	3인칭 단수 현재형: interrogates / 과거형: interrogated 과거 분사형: interrogated / −ing형: interrogating 명사형: interrogation(심문, 질문) 형용사형: interrogative(의문을 나타내는, 질문의)

The police <u>interrogated</u> him about the crime.

>> 경찰은 그 범죄에 대해서 그를 심문했다.

Police <u>interrogated</u> the bank robber to find out where he hid the money.

>> 경찰은 은행 강도가 그 돈을 어디에 숨겼는지를 알아내기 위해서 그를 심문했다.

He has not been responding to the prosecutor's <u>interrogation</u>.

>> 그는 검찰의 심문에 답하지 않고 있다.

Most declarative sentences can become <u>interrogative</u> with the right intonation.

>> 대부분의 서술문은 적절한 억양으로 표현하면 의문문이 될 수 있다.

:: interrupt

의 미	⑤ 해하다, 끼어들다, 가로막다
형 태	3인칭 단수 현재형: interrupts / 과거형: interrupted 과거 분사형: interrupted / -ing형: interrupting 명사형: interruption(중단, 방해, 장애) 형용사형: interrupted(가로막힌, 중단된)

Using SNS too much can <u>interrupt</u> children's learning.

>> 과도한 SNS 사용은 어린이들의 학습을 방해할 수 있다.

I'm sorry to <u>interrupt</u> you.

>> 당신의 이야기(또는 일) 중에 끼어들어서 죄송합니다.

Life is full of <u>interruption</u>.

≫ 인생에는 많은 장애가 따르기 마련이다.

The Internet connection is <u>interrupted</u>.

≫ 인터넷 연결이 중단되었다.

:: intersect

의 미	탄 자 교차하다, 횡단하다, 가로지르다, 만나다
형 태	3인칭 단수 현재형: intersects / 과거형: intersected 과거 분사형: intersected / -ing형: intersecting 명사형: intersection(교차로, 교차지점) 형용사형: intersectional(교차하는, 공통부의)

The accident occurred on the road where the express way <u>intersects</u> the highway.

≫ 고속도로가 간선도로를 가로지르는 길에서 그 사고가 났다.

The lines <u>intersect</u> at right angles.

≫ 그 선들은 직각으로 교차한다.

Today is a day where feelings of sadness and hope <u>intersect</u>.

≫ 오늘은 슬픔과 희망이 교차하는 날이다.

Traffic lights have been placed at all major <u>intersections</u>.

≫ 모든 주요 교차로에는 신호등이 설치되어 있다.

:: intervene

의 미	㉕ 개입하다, 끼어들다, 간섭하다, 사이에 있다
형 태	3인칭 단수 현재형: intervenes / 과거형: intervened 과거 분사형: intervened / -ing형: intervening 명사형: intervention(개입, 간섭, 중재) 형용사형: intervening(사이에 있는)

The war was protracted after the country <u>intervened</u>.

≫ 그 나라가 개입한 이후로 그 전쟁은 장기전이 되었다.

International community has no business <u>intervening</u> such domestic issues.

≫ 국제 사회는 그러한 국내 문제를 간섭할 권리가 없다.

The natural habitat is constantly being threatened and human <u>intervention</u> is continuing.

≫ 자연 서식지는 끊임없이 위협받고 있으며, 인간의 개입은 계속되고 있다.

Little had changed in the <u>intervening</u> years.

≫ 그 사이의 세월동안 변한 것은 거의 없었다.

:: interview

의 미	㉣ 면접하다, 면담하다, 회견하다, 회담하다
형 태	3인칭 단수 현재형: interviews / 과거형: interviewed 과거 분사형: interviewed / -ing형: interviewing 명사형: interview(면접, 면담, 기자회견), interviewer(면접관), interviewee(면접 받는 사람)

Ten people were **interviewed** for the job.
❱❱ 열 명이 취업 면접을 보았다.

He **interviewed** all the candidates before he recommended them to the president.
❱❱ 그는 사장에게 후보자들을 추천하기 전에, 그 후보자들 모두와 면담했다.

The final exam is an **interview** with professors.
❱❱ 마지막 시험은 교수들과의 면접이다.

The **interviewer** asked me about my future plans.
❱❱ 그 면접관은 나에게 장래 계획에 대해 질문했다.

:: intrigue

의 미	㉓ 강한 흥미를 불러일으키다 ㉑ 모의하다, 음모를 꾸미다
형 태	3인칭 단수 현재형: intrigues / 과거형: intrigued 과거 분사형: intrigued / -ing형: intriguing 명사형: intrigue(음모), intriguer(음모자) 형용사형: intrigued(흥미를 일으키는), intriguing(아주 흥미로운)

His curious character has **intrigued** many writers.
❱❱ 그의 특이한 성격은 많은 작가들의 흥미를 불러일으켰다.

Such a phenomena has **intrigued** people who have watched the planets.
❱❱ 그러한 현상은 행성들을 관찰해온 사람들에게 흥미를 불러일으켰다.

It's an exciting story of political **intrigue** and corruption.

>> 그것은 정치적인 음모와 부패에 대한 흥미진진한 이야기이다.

This **intriguing** book is thoughtful and informative.

>> 이 흥미로운 책은 깊은 생각을 하게하고, 유익한 정보도 제공한다.

:: introduce

의 미	㉰ 소개하다, 도입하다, 선보이다
형 태	3인칭 단수 현재형: introduces / 과거형: introduced 과거 분사형: introduced / –ing형: introducing 명사형: introduction(소개, 도입, 서론) 형용사형: introductory(입문의), introductive(소개의, 서두의)

The festival started last year to **introduce** topokki to foreigners.

>> 그 축제는 외국인들에게 떡볶이를 소개하려고 작년에 시작되었다.

Britain **introduced** world's first ice cream van for dogs.

>> 영국은 세계 최초로 개 전용 아이스크림 트럭을 선보였다.

The **introduction** of the alternative school can help to educate these students.

>> 대안학교의 도입은 이러한 학생들을 교육하는데 도움이 될 수 있다.

Many high schools are offering **introductory** courses focused on healthcare fields.

>> 많은 고등학교들이 보건 분야에 초점을 맞춘 입문 강좌들을 제공하고 있다.

:: intrude

의 미	(타) (자) 침해하다, 침범하다, 간섭하다, 방해하다, 참견하다
형 태	3인칭 단수 현재형: intrudes / 과거형: intruded 과거 분사형: intruded / -ing형: intruding 명사형: intruder(침입자), intrusion(침입) 형용사형: intrusive(거슬리는, 방해가 되는)

Modern technology has made it easier for us to **intrude** upon other people's privacy.

≫ 현대 기술은 우리로 하여금 남의 사생활을 침해하기 쉽게 만들었다.

It was observed that several unidentified ships **intruded** our territorial waters.

≫ 몇 척의 국적 불명의 배들이 우리 영해를 침범한 것이 관찰되었다.

Keep emergency phone numbers handy in case of **intrusion**, fire or other emergency.

≫ 침입이나 화재, 또는 다른 비상시에 대비해서, 비상 전화번호를 가까운 곳에 보관하세요.

Many people feel that advertising on the Internet has become overly **intrusive**.

≫ 많은 사람들은 인터넷 광고가 몹시 방해가 된다고 느낀다.

:: invade

의 미	㉺ 침략하다, 침입하다, 침범하다
형 태	3인칭 단수 현재형: invades / 과거형: invaded 과거 분사형: invaded / −ing형: invading 명사형: invader(침략자), invasion(침략, 침입, 침해) 형용사형: invasive(침입하는, 침범하는, 침해하는)

Britain had <u>invaded</u> Manila in the 19th century.

≫ 영국은 19세기에 마닐라를 침략했었다.

Some people project that Chinese processed foods will <u>invade</u> Korea with lowered tariff.

≫ 어떤 사람들은 낮은 관세로 인하여 중국 가공식품이 한국을 침략할 것이라고 예상한다.

Korea had survived many <u>invasions</u> from neighboring countries.

≫ 한국은 이웃 나라들로부터의 많은 침략을 견뎌냈었다.

Hunting and <u>invasive</u> species are the other reasons why these animals are threatened.

≫ 사냥과 다른 종의 침입은 이러한 동물들이 위협받는 또 다른 이유들이다.

:: invalidate

의 미	㉺ 무효로 하다, 법적 효력을 없애다
형 태	3인칭 단수 현재형: invalidates / 과거형: invalidated 과거 분사형: invalidated / −ing형: invalidating 명사형: invalidation(무효로 함) 형용사형: invalidated(무효로 되는)

The court did nothing to **invalidate** the passage of the bill.

≫ 법원은 그 법안의 통과를 무효로 하는 어떠한 조치도 하지 않았다.

Failure to report any changes in your situation may **invalidate** your insurance policy.

≫ 당신의 신변에 생긴 어떤 변화를 알리지 않는다면, 당신의 보험은 무효화 될 수 있다.

The latest **invalidation** of the patents will affect the case.

≫ 그 특허에 대한 최근의 무효 판정은 그 소송에 영향을 끼칠 것이다.

A contract is **invalidated** if only one party signs it.

≫ 계약서에 오직 한쪽 당사자만 사인을 하면, 그 계약서는 무효로 된다.

:: invent

의 미	㉺ 발명하다, 개발하다, 고안하다
형 태	3인칭 단수 현재형: invents / 과거형: invented 과거 분사형: invented / −ing형: inventing 명사형: inventor(발명가), invention(발명) 형용사형: inventive(독창적인, 창의적인)

Thomas Edison failed so many times before he **invented** the light bulb.

》 토마스 에디슨은 전구를 발명하기 전까지 수없이 많이 실패했다.

He **invented** foldable and reusable cups.

》 그는 접을 수 있고, 재사용할 수 있는 컵을 발명했다.

Necessity is the mother of **invention**.

》 필요는 발명의 어머니이다.

The art class inspired her to be more **inventive** with her own painting.

》 그 미술수업은 그녀가 더 독창적으로 그림을 그리도록 자극했다.

:: invert

의 미	㉣ 거꾸로 하다, 반대로 하다, 뒤집다, 도치시키다
형 태	3인칭 단수 현재형: inverts / 과거형: inverted 과거 분사형: inverted / –ing형: inverting 명사형: inversion(전도, 역) 형용사형: inverted(역으로 된, 반대의, 거꾸로 된)

The subject and the object are **inverted** in this sentence.

》 이 문장에서는 주어와 목적어가 도치되어 있다.

Invert an hourglass.

》 모래시계를 뒤집어 놓으세요.

This is an **inversion** of the truth.

》 이것은 진실이 전도된 경우이다.

Bats have plenty of reasons to choose the <u>inverted</u> lifestyle.
>> 박쥐들이 거꾸로 매달린 생활방식을 취하는 데는 여러 가지 이유가 있다.

:: invest

의 미	㉭ ㉜ 투자하다, 투입하다, 노력을 쏟다
형 태	3인칭 단수 현재형: invests / 과거형: invested 과거 분사형: invested / -ing형: investing 명사형: investor(투자자), investment(투자) 형용사형: investable(투자 할 수 있는)

World-leading companies have <u>invested</u> an astronomical amount of money in new smart phone products.
>> 세계를 이끄는 기업들은 새로운 스마트폰 상품에 천문학적인 금액을 투자하고 있다.

We have to <u>invest</u> our time and energy in science.
>> 우리는 과학에 우리의 시간과 에너지를 쏟아야 한다.

The government eased regulations and expanded <u>investment</u> in the field.
>> 정부는 그 분야에 대해 규제를 완화하고 투자를 확대했다.

Rare coins are <u>investable</u> objects.
>> 희귀 동전은 투자할 만한 물건이다.

:: investigate

의 미	㉻ ㉜ 조사하다, 수사하다, 파악하다, 살피다
형 태	3인칭 단수 현재형: investigates / 과거형: investigated 과거 분사형: investigated / –ing형: investigating 명사형: investigation(조사, 수사), investigator(조사자, 수사관) 형용사형: investigative(조사의, 연구의)

Ethnic officials are only allowed to **investigate** civil servants, not ordinary citizens.

≫ 윤리지원실 직원들은 민간인이 아닌, 공직자만 조사하도록 허용된다.

They have begun **investigating** to find out the truth for a massive landslide.

≫ 그들은 엄청난 산사태에 관한 진실을 규명하기 위하여 조사하기 시작했다.

The final report of the **investigation** was both in Korean and English.

≫ 그 조사에 관한 최종 보고서는 한국어와 영어로 되어 있었다.

A TV **investigative** program covered his suspicious track record.

≫ 어느 한 TV의 조사 프로그램이 그의 수상쩍은 행적을 다루었다.

:: invite

의 미	㉻ ㉜ 초대하다, 요청하다, 초래하다
형 태	3인칭 단수 현재형: invites / 과거형: invited 과거 분사형: invited / –ing형: inviting 명사형: invitation(초대, 초청), inviter(초대하는 사람), invitee(초대된 사람) 형용사형: inviting(매력적인, 유혹하는)

They **invited** their neighbors and had a great time together.

>> 그들은 이웃들을 초대해서 즐거운 시간을 함께 보냈다.

Successful candidates will be **invited** for interview next week.

>> 합격한 후보자들은 다음 주에 면접 요청을 받게 된다.

Thank you for the **invitation**, but I've got work to do this Saturday.

>> 초대해 주셔서 감사하지만, 저는 이번 토요일에 일해야 합니다.

The February air is soft, cool and **inviting**.

>> 2월의 공기는 부드럽고, 시원하며, 매력적이다.

:: invoke

의 미	💬 불러일으키다, 불러내다, 청하다, 발동하다, 기원하다, 인용하다
형 태	3인칭 단수 현재형: invokes / 과거형: invoked 과거 분사형: invoked / -ing형: invoking 명사형: invocation(기도, 기원, 발동), invoker(호출자) 형용사형: invoked(적용된)

The soft melody **invokes** the joys of spring from beginning to end.

>> 그 부드러운 멜로디는 처음부터 끝까지 봄의 즐거움을 불러일으킨다.

Because of the heavy snow storm, the city had to **invoke** emergency measures.

>> 폭설 때문에, 그 도시는 비상대책을 강구해야만 했다.

We should try to <u>invoke</u> the wonders of science instead of its terrors.

≫ 우리는 과학에서 공포 대신에 기적을 끌어낼 수 있도록 노력해야 한다.

They are actively considering <u>invoking</u> emergency rights to break up the strike.

≫ 그들은 그 파업을 중단시키기 위한 긴급조정권 발동을 적극 고려하고 있다.

:: involve

의 미	㉣ 수반하다, 포함하다, 관계하다, 관여하다, 참여하다, 연루되게 하다
형 태	3인칭 단수 현재형: involves / 과거형: involved 과거 분사형: involved / –ing형: involving 명사형: involvement(개입, 참여, 관계, 포함) 형용사형: involved(관련된, 연루된, 포함된)

Any investment <u>involves</u> an element of risk.

≫ 모든 투자는 위험 요소를 포함하고 있다.

A lot of countries have been <u>involved</u> in the cultural exchanges.

≫ 많은 나라들이 문화 교류에 참여했다.

Nurses often try to avoid emotional <u>involvement</u> with patients.

≫ 간호사들은 흔히 환자들과의 감정적인 관계를 피하려고 노력한다.

Many students get <u>involved</u> with extracurricular activities after their school hours.

≫ 많은 학생들은 방과 후에 과외 활동에 참여한다.

:: irrigate

의 미	⑤ 물을 끌어 대다, 관개하다
형 태	3인칭 단수 현재형: irrigates / 과거형: irrigated 과거 분사형: irrigated / −ing형: irrigating 명사형: irrigation(물을 끌어들임, 관개) 형용사형: irrigable(물을 댈 수 있는), irrigated(관개된, 물을 끌어 댄)

They irrigated fruit orchards and grew cotton and vegetables.

≫ 그들은 물을 끌어다 과수원을 경작하고, 목화와 채소들을 재배했다.

Water is used for drinking, cleaning and irrigating crops.

≫ 물은 마실 때와 청소할 때, 그리고 농작물에 물을 댈 때 사용된다.

The farmers used irrigation to bring water to their dry rice paddies.

≫ 농부들은 마른 논에 물을 대기 위해서 관개시설을 이용했다.

In irrigated orchards water travels in shallow furrow.

≫ 물을 끌어댄 과수원에서, 물은 얕은 도랑을 따라 흐른다.

:: irritate

의 미	⑤ 짜증나게 하다, 화나게 하다, 귀찮게 하다, 염증을 일으키다
형 태	3인칭 단수 현재형: irritates / 과거형: irritated 과거 분사형: irritated / −ing형: irritating 명사형: irritation(짜증, 자극, 염증) 형용사형: irritating(짜증나게 하는), irritated(짜증난), irritative(자극하는)

Sometimes his trivial questions <u>irritates</u> me.

》 가끔씩 그의 사소한 질문들은 나를 짜증나게 한다.

Violent scenes may cause people to feel <u>irritated</u> and act negatively.

》 폭력적인 장면은 사람들을 짜증나게 하고 부정적으로 행동하게 만들 수 있다.

Noise can create <u>irritation</u> and anger in people.

》 소음은 사람들에게 짜증과 분노를 초래할 수 있다.

The sound of the vuvuzela is very <u>irritating</u> for both soccer players and fans.

》 부부젤라 소리는 축구선수들과 팬들 모두를 매우 짜증나게 한다.

:: isolate

의 미	㉣ 고립시키다, 소외시키다, 분리하다, 격리하다
형 태	3인칭 단수 현재형: isolates / 과거형: isolated 과거 분사형: isolated / -ing형: isolating 명사형: isolation(소외, 고립, 격리) 형용사형: isolated(고립된, 소외된, 격리된)

Networking sites can <u>isolate</u> kids from society.

》 네트워킹 사이트들은 아이들을 사회로부터 격리시킬 수 있다.

The area was <u>isolated</u> by the heavy snow.

》 그 지역은 폭설로 인해 고립되었다.

No one can deny the painful feeling that comes with <u>isolation</u>.

≫ 어떤 누구도 소외되어 생기는 고통스런 감정을 부인할 수 없을 것이다.

Bhutan is one of the most <u>isolated</u> and least developed nations in the world.

≫ 부탄은 세계에서 가장 고립되고, 가장 덜 개발된 국가들 중의 하나이다.

:: issue

의 미	㉣ 발행하다, 발부하다, 발표하다
형 태	3인칭 단수 현재형: issues / 과거형: issued 과거 분사형: issued / -ing형: issuing 명사형: issue(이슈, 쟁점, 발행), issuer(발행자) 형용사형: issueless(쟁점이 없는)

South Africa <u>issued</u> the Mandela bank notes to pay tribute to their former leader.

≫ 남아프리카 공화국은 그들의 전 지도자에게 찬사를 표하려고, 만델라 지폐를 발행했다.

They will <u>issue</u> special stamps to celebrate the Olympics.

≫ 그들은 올림픽을 기념하기 위해, 특별 우표를 발행할 예정이다.

New members will be <u>issued</u> with a temporary identity card.

≫ 신입사원에게는 임시 사원증이 발급될 것이다.

A debate can help students better understand the important <u>issues</u> in our society.

》 토론을 통해, 학생들은 사회의 중요한 이슈들을 더 잘 이해할 수 있다.

:: italicize

의 미	㉺ 이탤릭체를 사용하다, 이탤릭체로 쓰다
형 태	3인칭 단수 현재형: italicizes / 과거형: italicized 과거 분사형: italicized / -ing형: italicizing 명사형: italicization(이탤릭체) 형용사형: italic(이탤릭체의), italicized(이탤릭체로 쓰인)

We will be able to bold and <u>italicize</u> key points.

》 우리는 중요한 점을 나타낼 때, 볼드체나 이탤릭체를 사용할 수 있을 것이다.

She <u>italicized</u> the titles of the books cited in the reference.

》 그녀는 참고문헌에 인용된 책들의 제목들을 이탤릭체로 표기했다.

She <u>italicized</u> the most relevant words to make it easier for him.

》 그녀는 그가 쉽게 이해할 수 있도록, 가장 관련성이 있는 단어들을 이탤릭체로 표기했다.

The example sentences in this dictionary are printed in <u>italic</u> type.

》 이 사전에 나와 있는 예문들은 이탤릭체로 인쇄되어 있다.

05 ::

jam, jar, jerk, jingle, jog, join, joke, jostle,
judge, juggle, jumble, jump, justify, juxtapose

:: jam

의 미	타 자 밀어 넣다, 가득 채우다, 막혀서 움직이지 않다
형 태	3인칭 단수 현재형: jams / 과거형: jammed 과거 분사형: jammed / –ing형: jamming 명사형: jam(잼, 교통 혼잡, 기계의 막힘) 형용사형: jammed(막혀서 움직일 수 없는, 붐비는)

Six of us were <u>jammed</u> in a small car.

» 우리들 여섯 명은 작은 차에 끼어 탔다.

The photocopier <u>jammed</u> up again.

» 그 복사기에 종이가 끼여서, 또 움직이지 않았다.

The bus was delayed in a five-mile <u>jam</u>.

» 그 버스는 5마일에 걸친 교통체증으로 연착되었다.

The area was <u>jammed</u> with huge crowds to see the firework festival.

» 그 지역은 불꽃축제를 보기위해 몰려든 사람들로 꽉 막혀서 움직일 수 없었다.

:: jar

의 미	타 거슬리는 소리를 내다, 불쾌감을 주다 자 거슬리다, 어긋나다
형 태	3인칭 단수 현재형: jars / 과거형: jarred 과거 분사형: jarred / –ing형: jarring 명사형: jar(거슬리는 소리, 충격, 쇼크) 형용사형: jarring(삐걱거리는, 신경에 거슬리는, 불쾌한)

His joking sometimes <u>jars</u> on my nerves.

>> 그의 농담은 가끔씩 내 신경을 거슬린다.

Her rudeness <u>jarred</u> him a little.

>> 그녀의 무례한 행동은 그를 다소 불쾌하게 했다.

Her words gave a <u>jar</u> to his composure.

>> 그는 그녀의 말에 충격을 받아 침착성을 잃었다.

He had a <u>jarring</u> experience.

>> 그는 불쾌한 경험을 했다.

:: jerk

의 미	㉗ ㉘ 갑자기 홱 움직이다, 불쑥 말하다
형 태	3인칭 단수 현재형: jerks / 과거형: jerked 과거 분사형: jerked / –ing형: jerking 명사형: jerk(갑자기 움직임, 경련, 바보) 형용사형: jerky(홱 움직이는, 경련성의)

She <u>jerked</u> the child by the hand.

>> 그녀는 아이의 손을 홱 잡아당겼다.

The door <u>jerked</u> open.

>> 그 문은 갑자기 홱 열렸다.

He quickly <u>jerked</u> the power cord off every appliance in the kitchen.

>> 그는 재빨리 부엌에 있는 모든 가전제품의 전기 코드를 잡아 뺐다.

He stopped short with a <u>jerk</u>, and his face went red.

>> 그는 갑자기 말을 멈추더니, 얼굴이 빨개졌다.

:: jingle

의 미	㉣ ㉠ 딸랑딸랑 울리다, 짤랑짤랑 울리다
형 태	3인칭 단수 현재형: jingles / 과거형: jingled 과거 분사형: jingled / −ing형: jingling 명사형: jingle(딸랑딸랑 소리, 라디오나 TV의 CM송), jingler(딸랑딸랑 소리는 내는 사람이나 물건) / 형용사형: jingly(딸랑딸랑 울리는)

The keys <u>jingled</u> together in his hand.

>> 그가 손에 쥐고 있는 열쇠들이 짤랑짤랑 소리를 냈다.

She performed belly dancing, brilliantly <u>jingling</u> the coins on her costumes.

>> 그녀는 그녀의 의상에 붙어있는 동전 장식을 멋지게 딸랑거리며, 벨리댄스 공연을 했다.

'<u>Jingle</u> bells' is one of the best-known and most popular Christmas carols.

>> '징글벨'은 크리스마스 캐럴 중에서 가장 잘 알려지고, 가장 인기 있는 것들 중 하나이다.

I heard a new <u>jingle</u> on the radio today and it can't get it out on my head.

>> 나는 오늘 라디오에서 새 CM송을 들었는데, 그 곡조가 내 머리에서 떠나질 않는다.

:: jog

의 미	타 살짝 건드리다, 일깨우다, 상기시키다 자 조깅하다, 뛰다, 달리다
형 태	3인칭 단수 현재형: jogs / 과거형: jogged 과거 분사형: jogged / -ing형: jogging 명사형: jog(조깅, 가벼운 자극), jogging(조깅), jogger(조깅하는 사람)

This robot can <u>jog</u> at 9 kilometer per hour.

≫ 이 로봇은 시속 9킬로미터로 천천히 달릴 수 있다.

He tried to <u>jog</u> her memory about their childhood.

≫ 그는 그들의 어린 시절에 대한 그녀의 기억을 상기시키려고 애썼다.

<u>Jogging</u> is a wonderful form of exercise and it is good for your health.

≫ 조깅은 훌륭한 형태의 운동이고, 당신의 건강에 좋다.

He likes to go for a <u>jog</u> after work.

≫ 그는 퇴근 후에 조깅하는 것을 좋아한다.

:: join

의 미	타 합류하다, 가입하다, 참가하다, 연결하다
형 태	3인칭 단수 현재형: joins / 과거형: joined 과거 분사형: joined / -ing형: joining 명사형: joiner(가입자), joining(합류) / 형용사형: joint(공동의, 합동의), joinable(참가할 수 있는, 결합할 수 있는)

Why don't you <u>join</u> it and be my Facebook friend?

≫ 당신도 가입해서, 나의 페이스북 친구가 되는 게 어떠세요?

A growing number of people around the world are <u>joining</u> the special campaign.

>> 전 세계의 점점 더 많은 사람들이 그 특별한 캠페인에 동참하고 있다.

The island is <u>joined</u> to the mainland by a bridge.

>> 그 섬은 본토와 다리로 연결되어 있다.

The report was a <u>joint</u> effort.

>> 그 보고서는 공동의 노력의 결과였다.

:: joke

의 미	㉧ ㉨ 농담하다, 재미있는 이야기를 하다, 농담 삼아 말하다
형 태	3인칭 단수 현재형: jokes / 과거형: joked 과거 분사형: joked / −ing형: joking 명사형: joke(농담), joker(농담하는 사람) 형용사형: joky(농담을 좋아하는), jokeless(농담이 없는)

She was laughing and <u>joking</u> with the children.

>> 그녀는 아이들과 웃으며, 재미있는 이야기를 하고 있었다.

I din't mean that. I was just <u>joking</u>.

>> 내가 그렇게 말한 것은 진심이 아니었다. 그저 농담이었다.

A bad lie can hurt someone's feelings even if it is a <u>joke</u>.

>> 나쁜 거짓말은, 그것이 비록 농담일지라도, 누군가의 기분을 상하게 할 수 있다.

He is, by nature, a great <u>joker</u>.

>> 그는, 천성적으로, 굉장히 재미있는 사람이다.

:: jostle

의 미	㉣ ㉢ 난폭하게 밀치다, 밀치고 나아가다, 경쟁하다, 다투다
형 태	3인칭 단수 현재형: jostles / 과거형: jostled 과거 분사형: jostled / -ing형: jostling 명사형: jostle(밀치는 상태, 충돌) 형용사형: jostling(서로 밀치는, 다투는, 붐비는)

The crowd jostled into the department store.

» 그 군중들은 서로 밀치며, 백화점으로 몰려 들어갔다.

People in the crowd jostled for the best positions.

» 무리지어 있던 사람들은 제일 좋은 자리를 차지하기 위해서 밀치며 다투었다.

People jostled me on the subway and I nearly fell.

» 사람들이 지하철에서 나를 밀쳐서, 나는 거의 넘어질 뻔했다.

People were jostling, arguing and complaining.

» 사람들은 밀치고, 싸우며, 불평을 하고 있었다.

:: judge

의 미	㉣ 판단하다, 판결하다, 평가하다, 심사하다, 추정하다
형 태	3인칭 단수 현재형: judges / 과거형: judged 과거 분사형: judged / -ing형: judging 명사형: judge(판사, 심판, 심사위원), judgement(판단, 판단력, 판결) 형용사형: judgeable(재판할 수 있는, 판단할 수 있는)

We should not <u>judge</u> someone's value by only what we see.

》 우리는 우리가 보는 것만으로 누군가의 가치를 판단해서는 안 된다.

They <u>judged</u> contestants on their smile, character, and elegance.

》 그들은 대회 참가자들의 미소와 성품, 그리고 우아함에 대해 심사했다.

It is difficult to <u>judge</u> how long the work will take.

》 그 일이 얼마나 오래 걸릴지 추정하기는 어렵다.

He avoided making a <u>judgement</u> about the situation.

》 그는 그 상황에 대해서 판단을 내리기를 회피했다.

:: juggle

의 미	邑 困 저글링하다, 여러 가지 일들을 곡예 하듯이 처리하다, 속이다
형 태	3인칭 단수 현재형: juggles / 과거형: juggled 과거 분사형: juggled / –ing형: juggling 명사형: juggling(저글링), juggler(저글링하는 사람), jugglery(마술, 요술)

He <u>juggled</u> two flaming torches.

》 그는 두 개의 불타는 횃불로 공중던지기를 했다.

Working mothers are used to <u>juggling</u> their jobs and their housework.

》 직장에 다니는 엄마들은 직장일이며 집안일들을 곡예 하듯이 잘 처리하는 데 익숙하다.

We can see him snowboarding and <u>juggling</u> fruit in the commercials.

》 우리는 광고에서 그가 스노우보드를 타고, 과일을 저글링하는 모습을 볼 수 있다.

A circus and <u>juggling</u> competition are putting smiles on the faces of many children.

❯❯ 서커스와 저글링 대회는 많은 어린이들의 얼굴에 웃음을 주고 있다.

:: jumble

의 미	㉺ 아무렇게나 섞어놓다, 뒤죽박죽으로 만들다 ㉧ 뒤죽박죽이 되다
형 태	3인칭 단수 현재형: jumbles / 과거형: jumbled 과거 분사형: jumbled / -ing형: jumbling 명사형: jumble(뒤죽박죽 섞인 것) 형용사형: jumbled(무질서한, 뒤죽박죽인, 혼란스러운)

He <u>jumbled</u> up the things in the box.

❯❯ 그는 상자속의 물건들을 뒤죽박죽으로 만들어 놓았다.

Store your items separately, so that they do not get all <u>jumbled</u> up.

❯❯ 당신의 물건들이 뒤죽박죽으로 되지 않게 하려면, 그것들을 따로따로 보관하세요.

The essay was a meaningless <u>jumble</u> of ideas.

❯❯ 그 에세이는 생각들을 아무 의미 없이 뒤섞어 놓은 것이었다.

Everything is <u>jumbled</u> up.

❯❯ 모든 것이 혼란스럽다.

:: jump

의 미	㉺㉽ 점프하다, 뛰어넘다, 휙 움직이다, 급등하다, 갑자기 주제를 바꾸다
형 태	3인칭 단수 현재형: jumps / 과거형: jumped 과거 분사형: jumped / -ing형: jumping 명사형: jump(점프, 폭등, 도약, 급격한 변화) 형용사형: jumpable(뛸 수 있는, 뛰어오를 수 있는)

He didn't hesitate to <u>jump</u> down onto the railway tracks to save the man.

≫ 그는 그 남자를 구하기 위해 주저하지 않고, 철도 선로로 뛰어들었다.

He <u>jumped</u> up from his seat.

≫ 그는 자리에서 벌떡 일어났다.

The price of gasoline has <u>jumped</u> up.

≫ 휘발유 값이 급등했다.

The negotiations took a <u>jump</u> forward yesterday.

≫ 그 협상은 어제 급진전을 보였다.

:: justify

의 미	㉺ 정당화하다, 옳다고 하다, 변명하다, 해명하다
형 태	3인칭 단수 현재형: justifies / 과거형: justified 과거 분사형: justified / -ing형: justifying 명사형: justification(정당화, 명분, 변명), justifier(정당화하는 사람) 형용사형: justifiable(정당화될 수 있는, 이치에 맞는)

An immoral industry is not <u>justified</u> by the fact that it creates employment.

>> 비도덕적인 산업은 그것이 고용을 창출한다는 사실로 정당화되지는 않는다.

In a democracy, violent protests cannot be <u>justified</u>.

>> 민주주의에서 폭력적인 시위가 정당화될 수는 없다.

Diplomacy should seek not just moral <u>justification</u> but also practical benefits.

>> 외교는 도덕적인 명분뿐만 아니라, 실리도 추구해야 한다.

There is no sacred or <u>justifiable</u> war.

>> 성스럽거나 정당화될 수 있는 전쟁이란 없다.

:: juxtapose

의 미	㉣ …을 나란히 놓다, 병렬하다
형 태	3인칭 단수 현재형: juxtaposes / 과거형: juxtaposed 과거 분사형: juxtaposed / -ing형: juxtaposing 명사형: juxtaposition(병렬, 병치) 형용사형: juxtapositional(병렬의, 병치의)

He <u>juxtaposed</u> Picasso's work with da Vinci's to teach the different styles of art.

>> 그는 서로 다른 예술방식에 대해 가르치려고 피카소와 다빈치의 작품을 나란히 놓았다.

He often uses the technique to <u>juxtapose</u> things for dramatic effect.

>> 그는 종종 극적인 효과를 얻기 위해서 사물들을 나란히 배치하는 기법을 사용한다.

He <u>juxtaposed</u> the problems in our society safety system with those in Europe.

>> 그는 우리 사회의 안전체계의 문제들을 유럽의 문제들과 함께 놓고 비교했다.

The two designs are the perfect <u>juxtaposition</u> of modern and traditional.

>> 그 두 개의 디자인은 현대와 전통을 나타내는 완벽한 병렬구조이다.

k

K

06 ::

keep, kick, kid, kill, kindle, kiss, kneel,
knit, knock, know

:: keep

의 미	㉺ 간직하다, 계속하다, 유지하다, 보유하다 ㉙ ⋯인 채로 있다
형 태	3인칭 단수 현재형: keeps / 과거형: kept 과거 분사형: kept / −ing형: keeping 명사형: keeper(지키는 사람, 책임자, 관리자, 사육사), keeping(보관, 보존, 지님, 조화, 일치)

Please stay healthy and **keep** having a lot of fun.

➤ 건강하게 지내시고, 늘 즐겁게 지내세요.

We have to do our best to **keep** our freedom.

➤ 우리는 자유를 지키기 위해서 최선을 다해야 한다.

Keep your passport in a safe place.

➤ 여권은 안전한 곳에 보관하세요.

The latest results are in **keeping** with our earlier findings.

➤ 최근의 결과는 우리의 이전 연구결과와 일치한다.

:: kick

의 미	㉺ 발로 차다, 발을 구르다, 습관을 끊다, 발로 차서 ⋯을 하다
형 태	3인칭 단수 현재형: kicks / 과거형: kicked 과거 분사형: kicked / −ing형: kicking 명사형: kick(발차기, 쾌감, 스릴, 강한 효과) 형용사형: kickable(걷어찰 수 있는)

The person behind me kept kicking my seat.

≫ 내 뒤에 앉은 사람이 계속해서 내 의자를 발로 찼다.

He kicked off his shoes.

≫ 그는 발을 걷어차면서, 신발을 벗었다.

He had been a heavy smoker, but he kicked the habit several months ago.

≫ 그는 심한 흡연가였지만, 몇 개월 전에 담배를 끊었다.

You should stretch your legs before practicing kicks.

≫ 당신은 발차기를 하기 전에, 다리 스트레칭을 해야 한다.

:: kid

의 미	태 농담하다, 놀리다, 스스로를 속이다, 착각하다
형 태	3인칭 단수 현재형: kids / 과거형: kidded 과거 분사형: kidded / –ing형: kidding 명사형: kid(어린이), kidder(남을 놀리는 사람, 사기꾼), kidding(농담) 형용사형: kiddish(어린이 같은, 유치한)

I didn't mean it. I was just kidding.

≫ 내가 그런 것은 진심이 아니었다. 단지 농담한 것이었다.

You must be kidding.

≫ 농담이죠?

I will interpret that remark as kidding.

≫ 나는 그 말을 농담으로 해석할 것이다.

They are **kidding** themselves if they think it is going to be easy.
≫ 그것이 쉬울 것이라고 생각한다면, 그들은 착각하는 것이다.

:: kill

의 미	㉣ 죽이다, 없애다, 소일하다, 낭비하다, 효력을 약하게 하다
형 태	3인칭 단수 현재형: kills / 과거형: killed 과거 분사형: killed / –ing형: killing 명사형: kill(죽이기), killer(죽이는 사람이나 동물 또는 물건), killing (죽이기) / 형용사형: killing(기진맥진하게 만드는)

The devastating natural disaster **killed** thousands of people and the area was paralyzed.
≫ 파괴적인 자연재해는 수천 명을 사망시켰고, 그 지역은 마비되었다.

All humans are mortal, but **killing** themselves is against nature.
≫ 모든 인간은 죽지만, 자살을 하는 것은 자연을 거스르는 일이다.

Don't just stay home alone and **kill** your precious time.
≫ 그냥 집에 혼자 있으면서, 당신의 귀중한 시간을 낭비하지 마세요.

Cancer **kills** thousands of people every year.
≫ 암으로 매년 수천 명이 목숨을 잃는다.

:: kindle

의 미	㉘ 불을 붙이다, 점화하다, 자극하여 …하게 하다 ㉜ 타오르다, 빛나다
형 태	3인칭 단수 현재형: kindles / 과거형: kindled 과거 분사형: kindled / -ing형: kindling / 명사형: kindler(점화하는 사람, 불쏘시개), kindling(불쏘시개, 점화, 감정의 고조)

A great fire was __kindled__ and everyone rejoiced.

» 큰 불이 점화되었고, 모든 사람들이 기뻐했다.

Hate crimes based on discrimination __kindled__ a call for new solutions for immigrants.

» 차별에 근거한 증오 범죄는 이민자들을 위한 새로운 해결책에 대한 요구에 불을 붙였다.

Enjoyment __kindled__ her smile.

» 기쁨으로 그녀의 웃는 얼굴이 빛났다.

That __kindle__d him to courage.

» 그 일로 그는 용기를 내게 되었다.

:: kiss

의 미	㉘ ㉜ 키스하다, 입 맞추다, 부드럽게 스치다
형 태	3인칭 단수 현재형: kisses / 과거형: kissed 과거 분사형: kissed / -ing형: kissing 명사형: kiss(키스, 입맞춤), kisser(키스하는 사람) 형용사형: kissable(키스하고 싶을 정도의), kissy(키스하고 싶어 하는)

Most of the professional golfers often <u>kiss</u> the championship trophy.

≫ 대부분의 프로골프 선수들은 흔히 우승컵에 입을 맞춘다.

<u>Kissing</u> your dog or cat is not a good idea.

≫ 개나 고양이에게 뽀뽀하는 것은 좋은 생각이 아니다.

They <u>kiss</u> each other on the cheek after a handshake.

≫ 그들은 악수를 한 후에, 서로의 뺨에 키스를 한다.

He blew a <u>kiss</u> to her.

≫ 그는 그녀에게 손짓으로 키스를 보냈다.

:: kneel

의 미	㉧ 무릎을 꿇다, 굴복하다
형 태	3인칭 단수 현재형: kneels / 과거형: kneeled, knelt 과거 분사형: kneeled, knelt / -ing형: kneeling 명사형: knee(무릎), kneeler(무릎 꿇는 사람, 무릎에 덮는 방석)

He was <u>kneeling</u> in celebration.

≫ 그는 기쁨에 젖어 무릎을 꿇고 있었다.

He <u>knelt</u> down before the cameras to appeal to the voters.

≫ 그는 투표자들에게 호소하기 위해서 카메라 앞에서 무릎을 꿇었다.

Not knowing what else to do, she <u>knelt</u> down and prayed.

≫ 달리 어떻게 해야 할지를 몰라서, 그녀는 무릎을 꿇고 기도했다.

She **knelt** down to pull a weed in her garden.

≫ 그녀는 정원에서 무릎을 꿇고 잡초를 뽑았다.

:: knit

의 미	ⓣ ⓘ 뜨개질하다, 뜨다, 밀접하게 결합하다, 눈살을 찌푸리다
형 태	3인칭 단수 현재형: knits / 과거형: knitted, knit 과거 분사형: knitted, knit / −ing형: knitting 명사형: knit(뜨개질로 짠 의류), knitter(뜨개질 하는 사람) 형용사형: knitted(니트로 된, 뜨개질로 짠)

My grandmother **knitted** this sweater for me.

≫ 나의 할머니께서는 나를 위해 이 스웨터를 털실로 떠주셨다.

Society is **knit** together by certain common beliefs.

≫ 사회는 어떤 공통 믿음에 의해 밀접하게 결합된다.

I didn't understand what made him **knit** his brows.

≫ 나는 그가 무엇 때문에 눈살을 찌푸렸는지 이해할 수가 없었다.

The **knitted** gloves had dropped a stitch.

≫ 뜨개질로 떠진 그 장갑은 코가 하나 빠져있다.

:: knock

의 미	㉺ ㉐ 두드리다, 치다, 타격을 가해 …한 상태가 되게 하다
형 태	3인칭 단수 현재형: knocks / 과거형: knocked 과거 분사형: knocked / -ing형: knocking 명사형: knock(노크, 문 두드리는 소리, 타격, 혹평, 비난), knocker (노크하는 사람, 독설가) / 형용사: knocked(지쳐 버린)

She **knocked** on the door, but nobody answered.
≫ 그녀는 문을 두드렸지만, 아무도 대답하지 않았다.

Fortune **knocks** at least once at every man's gate.
≫ 행운은 누구에게나 적어도 한번은 온다.

My heart was **knocking** wildly.
≫ 나는 가슴이 마구 두근거렸다.

I heard a **knock** on the door.
≫ 나는 문을 노크하는 소리를 들었다.

:: know

의 미	㉺ ㉐ 알다, 알고 있다, 분간하다, 식별하다
형 태	3인칭 단수 현재형: knows / 과거형: knew 과거 분사형: known / -ing형: knowing 명사형: knowledge(지식, 이해, 판단력, 분별력) / 형용사형: known (알려져 있는, …으로 유명한), knowable(인식할 수 있는)

If you have any good ideas, please let me <u>know</u>.

≫ 좋은 생각이 떠오르면, 저에게 알려주세요.

We should <u>know</u> right from wrong.

≫ 우리는 옳고 그름을 식별할 줄 알아야 한다.

As the saying goes, '<u>knowledge</u> is power.'

≫ 속담에도 있듯이, '아는 것이 힘이다.'

There is no <u>known</u> cure-all measure.

≫ 우리에게 알려진 만병통치약은 없다.

References

- *Collins Cobuild English Language Dictionary.* 2000. London: William Collins Sons and Co Ltd.
- Courtney, Rosemary. 1983. *Longman Dictionary of Phrasal Verbs.* London: Longman Group Limited.
- Cowie, A. P. & R. Mackin. 1975. *Oxford dictionary of current idiomatic English.* London: Oxford University Press.
- *Dong-A's Prime English-Korean Dictionary.* 1995. Seoul. Dong-A Press.
- Elaine Kirn and Pamela Hartmann. 2002. *Interactions 2: Reading.* New York: McGraw-Hill.
- Gina Richardson and Michele Peters. 1999. *Building Skills for the TOEIC Test.* London: Longman Group Limited.
- Judith Tanka and Lida R. Baker. 1996. *Interactions 2: A Listening/Speaking Skills.* New York: McGraw-Hill.
- Heaton, J. B. 1965. *Prepositions and adverbial particles.* London: Longman Group Limited.
- Hill, L. A. 1968. *Prepositions and adverbial particles.* London: Oxford University Press.
- Hornby, A. S. 1995. *Oxford advanced learner's dictionary of current English.* London: Oxford University Press.
- Hornby, A. S. 1975. *Guide to patterns and Usage in English.* London: Oxford University Press.
- Jeremy Harmer and Richard Rossner. 1991. *More Than Words: Vocabulary for Upper Intermediate to Advanced Students.* Book 1. London: Longman Group Limited.
- *Language Activator: The World's First Production Dictionary.* 1995. London: Longman Group Limited.

- Lee Jae-ok. 1994. *Advanced English Grammar.* Seoul: Somyong Press.

- *Longman dictionary of contemporary English.* 1995. London: Longman Group Limited.

- *Longman dictionary of English idioms.* 1979. London: Longman Group Limited.

- *Longman dictionary of English Language and Culture.* 1992. London: Longman Group Limited.

- *Longman Lexicon of Contemporary English* . 1981. London: Longman Group Limited.

- Martin C. Allen. *Synonyms and Antonyms.* 1981. New York: Harper & Row Publishers Inc.

- Michael Swan. 1995. *Practical English Usage*, 2nd edition. London: Oxford University Press.

- *Minjung's Essence English-Korean Dictionary.* 1996. Seoul: Minjungseorim.

- Neil J. Anderson. 2002. *Active Skills for Reading.* Book 1. Boston: Heinle & Heinle Publishers.

- Neil J. Anderson. 2002. *Active Skills for Reading.* Book 2. Boston: Heinle & Heinle Publishers.

- Neil J. Anderson. 2002. *Active Skills for Reading.* Book 3. Boston: Heinle & Heinle Publishers.

- *Oxford Dictionary of Current Idiomatic English*, Vol. 1: Verbs with prepositions & particles. 1983. London: Oxford University Press.

- *Oxford Dictionary of Current Idiomatic English*, Vol. 2: Phrase, Clause & Sentence Idioms. 1983. London: Oxford University Press.

- *Oxford Advanced Learner's English-Korean Dictionary.* 2008. London: Oxford University Press.

- Ray Richards and Frank Graziani. 1997. *Expert TOEIC.* Boston: Pelican Media.

- Raymond Murphy. 2005. *Essential Grammar in Use*. London: Cambridge University Press.
- *Sisa TOEFL*. 1985. Seoul: YBM Sisa.
- Stuard Redman and Ellen Shaw. 1999. *Vocabulary in Use: Intermediate*. London: Cambridge University Press.
- *The Random House Dictionary of the English Language*. 1987. New York: Random House Inc.
- Thomson A. J. and A. V. Martinet. 1980. *A Practical English Grammar*. London: Oxford University Press.
- Wood, Frederick. 1964. *English verbal idioms*. Washington: Washington Square Press.

- http://dic.daum.net
- http://dic.naver.com
- http://dictionary.cambridge.org
- http://www.dictionary.com
- http://www.ldoceonline.com
- http://www.macmillandictionary.com
- http://www.thefreedictionary.com
- http://www.wordreference.com
- https://en.oxforddictionaries.com
- https://www.google.co.kr
- https://ko.wiktionary.org
- https://www.collinsdictionary.com
- https://www.merriam-webster.com

Index

A_

afloat 50
aflutter 55

F_

face 10
faceless 10
facial 10
facilitate 10
facilitation 10
facilitative 10
facility 10
fade 11
fadedness 11
fader 11
fail 12
failure 12
faint 13
fainter 13
faintish 13
faintness 13
fake 13
faker 13
fakery 13
fakey 13
fall 14
false 15

falsifiable 15
falsification 15
falsify 15
familiar 16
familiarity 16
familiarization 16
familiarize 16
fancier 16
fanciful 16
fancy 16
fascinate 17
fascination 17
fascinative 17
fashion 18
fashionable 18
fast 19
fasten 19
fastener 19
faster 19
fatigable 20
fatigue 20
fatigueless 20
fault 21
faultiness 21
faultless 21
faulty 21
favor 22
favorable 22
favorer 22

favorite 22
fear 22
fearful 22
fearfulness 22
fearless 22
fearsome 22
feast 23
feaster 23
feather 24
featherless 24
feathery 24
feature 25
featureless 25
featurette 25
feed 25
feeder 25
feel 26
feeler 26
feeling 26
fence 27
fenceless 27
ferment 28
fermentation 28
fermentative 28
fertile 28
fertilization 28
fertilize 28
fertilizer 28
festive 23

fetch	29	finish	38	flatter	47
fetcher	29	finite	38	flatterable	47
fiery	39	fire	39	flatterer	47
fight	30	fireless	39	flattery	47
fighter	30	firm	40	flavor	48
figuration	31	firmness	40	flavorful	48
figurative	31	fit	40	flavorless	48
figure	31	fitness	40	flavory	48
figureless	31	fix	41	flee	49
file	31	fixation	41	fleer	49
fill	32	fixer	41	flick	49
filler	32	fixity	41	flight	49
film	33	flag	42	float	50
filmic	33	flagger	42	floatable	50
filmy	33	flaggy	42	flood	51
filter	34	flagless	42	floor	52
filterable	34	flake	43	floorage	52
filtratable	34	flaker	43	floorer	52
filtration	34	flaky	43	flotation	50
final	34	flame	43	flourish	52
finalization	34	flamelet	43	flourishy	52
finalize	34	flamelike	43	flow	53
finalizer	34	flamy	43	fluctuate	54
finance	35	flap	44	fluctuation	54
financial	35	flappable	44	fluctuational	54
financier	35	flappy	44	flush	55
find	36	flare	45	flutter	55
findable	36	flash	46	fluttery	55
finder	36	flasher	46	fly	56
fine	37	flashy	46	flyable	56
fineness	37	flat	46	foam	57
finger	37	flatten	46	foamless	57
fingerless	37	flattener	46	foamy	57

focus	58	forfeiture	67	foundation	76
focusable	58	forge	68	foundational	76
fog	58	forgeable	68	founder	76
foggy	58	forger	68	fracture	77
foil	59	forgery	68	fragment	78
foilable	59	forget	69	fragmentary	78
fold	60	forgetful	69	framable	79
foldable	60	forgetfulness	69	frame	79
follow	61	forgettable	69	frameless	79
follower	61	forgivable	70	free	79
fool	61	forgive	70	freedom	79
foolery	61	forgiveness	70	freeness	79
foolish	61	forgiver	70	freeze	80
foolishness	61	fork	70	freezer	80
forage	62	forkful	70	freight	81
forager	62	form	71	freightless	81
forbear	63	formal	71	fright	82
forbearance	63	formation	71	frighten	82
forbearer	63	formula	72	front	82
forbid	64	formulaic	72	frontage	82
forbiddance	64	formulate	72	frontal	82
force	64	formulation	72	frown	83
forceful	64	forsake	73	frustrate	84
forcer	64	forsaker	73	frustration	84
forecast	65	fortification	73	frustrative	84
forecaster	65	fortifier	73	fry	85
foresee	66	fortify	73	fryer	85
foreseeable	66	forward	74	fuel	85
foresight	66	foster	75	fulfill	86
foretell	67	fosterage	75	fulfillment	86
foreteller	67	fosterer	75	full	32
forfeit	67	foul	76	function	87
forfeitable	67	found	76	functional	87

furnish	88	general	100	glitter	110
furnishings	88	generalizable	100	glittery	110
fuse	88	generalization	100	glorifiable	111
fusible	88	generalize	100	glorification	111
fusion	88	generate	101	glorifier	111
		generation	101	glorify	111
		generator	101	glow	112
G_		germinant	101	glue	113
gabble	92	germinate	101	gluer	113
gabbler	92	germination	101	gluey	113
gain	92	germinative	101	go	113
gainable	92	gestural	102	goer	113
gainer	92	gesture	102	govern	114
gainful	92	get	103	governable	114
gallop	93	gettable	103	government	114
galloper	93	getter	103	governor	114
gamble	94	giggle	104	grab	115
gambler	94	giggler	104	grabbable	115
gamblesome	94	giggly	104	grade	116
garnish	95	give	104	grader	116
garnishment	95	giveable	104	graduate	116
gas	95	giver	104	graduation	116
gaseous	95	glance	105	grant	117
gasp	96	glare	106	grantable	117
gasper	96	glaze	107	grantee	117
gather	97	glazer	107	granter	117
gatherable	97	gleam	107	grantor	117
gauge	98	gleamy	107	grasp	118
gaugeable	98	glide	108	graspable	118
gaze	98	glider	108	gratifiable	119
gazer	98	glimpse	109	gratification	119
gear	99	glimpser	109	gratify	119
gearless	99	glisten	110	graze	119

grazeable	119	grudge	131	hammer	144
grease	120	grumble	132	hand	145
greasy	120	grumbler	132	handful	145
greet	121	grunt	133	handicap	145
greeter	121	guarantee	134	handle	146
greeting	121	guard	134	handleable	146
grief	122	guarder	134	handy	145
grieve	122	guess	135	hang	147
griever	122	guessable	135	hanger	147
grievous	122	guesser	135	happen	148
grill	122	guidable	136	harass	148
griller	122	guide	136	harassment	148
grin	123	guideless	136	hard	149
grind	124	gulp	137	harden	149
grinder	124	gulper	137	hardness	149
grinner	123	gulpy	137	harm	150
grip	125	gum	137	harmful	150
gripper	125	gumless	137	harmless	150
groan	125	gumlike	137	harmonious	151
groaner	125	gummy	137	harmonize	151
groom	126	gurgle	138	harmonizer	151
groomer	126	gut	139	harmony	151
grope	127	gutless	139	harvest	151
groper	127			harvestable	151
gross	128			haste	152
ground	128	**H_**		hasten	152
groundless	128	habit	142	hastiness	152
group	129	habituate	142	hasty	152
grow	130	habituation	142	hatch	153
grower	130	hail	142	hatcher	153
growth	130	haily	142	hatchery	153
grub	131	halt	143	hate	154
grubby	131	halter	143	hateable	154

hateful	154	hide	163	hopeful	175
hateless	154	hider	163	hopeless	175
hatred	154	highlight	163	hoper	175
haunt	154	highlighter	163	host	175
have	155	hijack	164	hostless	175
have-nots	155	hijacker	164	hot	160
haves	155	hike	165	house	176
head	156	hiker	165	hover	177
headline	157	hiking	165	hoverer	177
headliner	157	hinder	166	howl	178
heady	156	hinderer	166	huddle	179
heal	157	hindrance	166	huddler	179
healable	157	hinge	166	hug	179
healer	157	hint	167	huggable	179
heap	158	hinter	167	hugger	179
hear	159	hire	168	hum	180
hearable	159	hirer	168	human	181
hearer	159	hit	169	humanization	181
heat	160	hitch	169	humanize	181
heater	160	hitter	169	humble	182
height	160	hold	170	humbleness	182
heighten	160	holdable	170	humbler	182
heightener	160	holder	170	humid	182
help	161	holdings	170	humidification	182
helpable	161	hole	171	humidifier	182
helper	161	holey	171	humidify	182
helpful	161	hollow	172	humidity	182
helpless	161	honor	172	humiliate	183
hesitant	162	honorable	172	humiliation	183
hesitate	162	honorary	172	humiliator	183
hesitater	162	hook	173	hummer	180
hesitation	162	hop	174	humor	184
hesitative	162	hope	175	humorless	184

humorous	184	identity	195	immigration	203
hunger	185	idle	196	immobilization	203
hungry	185	idleness	196	immobilize	203
hunt	185	idler	196	immobilizer	203
hunter	185	idol	197	immortal	204
hurl	186	idolize	197	immortality	204
hurler	186	idolizer	197	immortalization	204
hurry	187	ignitable	197	immortalize	204
hurt	188	ignite	197	immune	205
hurtable	188	ignition	197	immunity	205
hurtful	188	ignorance	198	immunization	205
hurtless	188	ignorant	198	immunize	205
hush	189	ignore	198	impact	206
hushful	189	illuminate	199	impacter	206
hustle	189	illumination	199	impactful	206
hustler	189	illuminative	199	impactive	206
hypnotic	190	illustrate	200	impair	206
hypnotization	190	illustration	200	impairer	206
hypnotize	190	illustrator	200	impairment	206
hypnotizer	190	image	200	impersonate	207
		imaginary	200	impersonation	207
		imagination	200	impersonator	207
I_		imaginative	200	implant	208
ice	194	imagine	200	implantable	208
iceless	194	imitate	201	implantation	208
icelike	194	imitation	201	implement	209
icy	194	imitational	201	implemental	209
ideal	194	imitative	201	implementation	209
idealization	194	immerse	202	implicate	209
idealize	194	immersible	202	implication	209, 211
identifiable	195	immersion	202	implicational	209
identification	195	immigrant	203	implicative	209, 211
identify	195	immigrate	203	implicit	211

imploration	210	inaugurate	219	indexer	227
imploratory	210	inauguration	219	indexical	227
implore	210	inaugurator	219	indicate	228
implorer	210	incapacitate	219	indication	228
imply	211	incapacitation	219	indicative	228
import	212	incarnate	220	indicator	228
importable	212	incarnation	220	individual	229
imposable	212	inclinable	221	individuality	229
impose	212	inclination	221	individualization	229
imposer	212	inclinatory	221	individualize	229
imposition	212	incline	221	individuate	229
impoverish	213	include	222	individuation	229
impoverishment	213	inclusion	222	induce	230
impress	214	inclusive	222	inducible	230
impressible	214	inconvenience	222	induction	230
impression	214	inconvenient	222	inductive	230
impressive	214	incorporate	223	indulge	231
imprint	215	incorporation	223	indulgence	231
imprinter	215	incorporative	223	indulgent	231
imprison	216	increasable	224	industrial	232
imprisoner	216	increase	224	industrialization	232
imprisonment	216	incriminate	225	industrialize	232
improve	216	incrimination	225	industry	232
improvement	216	incriminatory	225	infect	233
improvisation	217	incubate	225	infection	233
improvisatory	217	incubation	225	infectious	233
improvise	217	incubative	225	infective	233
improviser	217	incubator	225	infer	233
imputable	218	incur	226	inferable	233
imputation	218	incurrable	226	inference	233
imputative	218	incurrence	226	inferential	233
impute	218	index	227	inferrer	233
inaugural	219	indexable	227	inflame	234

inflammation	234	inhibitive	241	inspiration	248
inflammatory	234	inhibitor	241	inspire	248
inflatable	235	inhibitory	241	install	248
inflate	235	initial	242	installable	248
inflation	235	initiate	242	installation	248
inflict	236	initiative	242	institute	249
infliction	236	initiatory	242	institution	249
inflictive	236	inject	242	institutional	249
influence	236	injectable	242	instruct	250
influencer	236	injection	242	instruction	250
influential	236	injector	242	instructional	250
inform	237	injure	243	instructive	250
information	237	injurer	243	instructor	250
informational	237	injury	243	insult	251
informative	237	inquire	244	insultable	251
infuse	238	inquirer	244	insultation	251
infuser	238	inquiry	244	insurance	251
infusion	238	inscribe	245	insure	251
infusive	238	inscriber	245	insurer	251
inhabit	239	inscription	245	integrate	252
inhabitable	239	inscriptive	245	integration	252
inhabitant	239	insert	245	integrational	252
inhabitation	239	insertable	245	integrative	252
inhalant	239	insertion	245	integrator	252
inhalation	239	insist	246	intend	253
inhalational	239	insistence	246	intensification	254
inhale	239	insistent	246	intensifier	254
inhaler	239	insister	246	intensify	254
inherit	240	inspect	247	intensive	254
inheritable	240	inspectable	247	intention	253
inheritance	240	inspection	247	intentional	253
inhibit	241	inspective	247	interact	254
inhibition	241	inspector	247	interaction	254

interactive	254	intriguer	264	invocation	272
intercept	255	introduce	265	invoke	272
interception	255	introduction	265	invoker	272
interceptive	255	introductive	265	involve	273
interchange	256	introductory	265	involvement	273
interchangeable	256	intrude	266	irrigable	274
interest	257	intruder	266	irrigate	274
interfere	257	intrusion	266	irrigation	274
interference	257	intrusive	266	irritate	274
interferential	257	invade	267	irritation	274
interposable	258	invader	267	irritative	274
interpose	258	invalidate	268	isolate	275
interposition	258	invalidation	268	isolation	275
interpret	259	invasion	267	issue	276
interpretable	259	invasive	267	issueless	276
interpretation	259	invent	268	italic	277
interpreter	259	invention	268	italicization	277
interrelate	260	inventive	268	italicize	277
interrelation	260	inventor	268		
interrogate	260	inversion	269		
interrogation	260	invert	269	**J_**	
interrogative	260	invest	270	jam	280
interrupt	261	investable	270	jar	280
interruption	261	investigate	271	jerk	281
intersect	262	investigation	271	jerky	281
intersection	262	investigative	271	jingle	282
intersectional	262	investigator	271	jingler	282
intervene	263	investment	270	jingly	282
intervention	263	investor	270	jog	283
interview	263	invitation	271	jogger	283
interviewee	263	invite	271	join	283
interviewer	263	invitee	271	joinable	283
intrigue	264	inviter	271	joiner	283

joint	283	killer	294
joke	284	kindle	295
jokeless	284	kindler	295
joker	284	kiss	295
joky	284	kissable	295
jostle	285	kisser	295
judge	285	kissy	295
judgeable	285	knee	296
judgement	285	kneel	296
juggle	286	kneeler	296
juggler	286	knit	297
jugglery	286	knitter	297
jumble	287	knock	298
jump	288	knocker	298
jumpable	288	know	298
justifiable	288	knowable	298
justification	288	knowledge	298
justifier	288		
justify	288		
juxtapose	289		
juxtaposition	289		
juxtapositional	289		

K_

keep	292
keeper	292
kick	292
kickable	292
kid	293
kidder	293
kiddish	293
kill	294

김명숙

- 이화여자대학교 영어교육과 학사
- 이화여자대학교 영어영문학과 석사
- 연세대학교 영어영문학과 박사
- 인제대학교 외국어교육원 부원장 역임
- 현재 인제대학교 교양학부 교수

핵심만 콕'콕'

필수 영어 동사 Ⅲ

발행일 | 2017년 9월 8일
발행인 | 모홍숙
발행처 | 내하출판사

지은이 | 김명숙

등록 | 제6-330호
주소 | 서울 용산구 한강대로 104 라길 3
전화 | 02) 775-3241~5
팩스 | 02) 775-3246

E-mail | naeha@naeha.co.kr
Homepage | www.naeha.co.kr

ISBN | 978-89-5717-468-5
       978-89-5717-428-9 (세트)
정가 | 18,000원

이 도서의 국립중앙도서관 출판예정도서목록(CIP)은 서지정보유통지원시스템 홈페이지(http://seoji.nl.go.kr)와
국가자료공동목록시스템(http://www.nl.go.kr/kolisnet)에서 이용하실 수 있습니다.(CIP제어번호: CIP2017021541)